Corinna Melville und Melanie Ritter

SOUTH AUSTRALIA & NORTHERN TERRITORY

AF567827

360° medien

IMPRESSUM

South Australia & Northern Territory
40 Tipps abseits der ausgetretenen Pfade
Corinna Melville und Melanie Ritter

© 2022 360° medien
Nachtigallenweg 1 | 40822 Mettmann
360grad-medien.de

Das Werk ist in allen seinen Teilen urheberrechtlich geschützt. Jede Verwertung außerhalb der engen Grenzen des Urheberrechtsgesetzes ist ohne Zustimmung des Verlags unzulässig. Dies gilt insbesondere für Vervielfältigungen, Übersetzungen, Mikroverfilmungen und die Einspeicherung sowie Verarbeitung in elektronischen Systemen.

Der Inhalt des Werkes wurde sorgfältig recherchiert, ist jedoch teilweise der Subjektivität unterworfen und bleibt ohne Gewähr für Richtigkeit, Vollständigkeit und Aktualität.

Redaktion und Lektorat: Christine Walter

Satz und Layout: Marc Alberti

Gedruckt und gebunden:
LD Medienhaus GmbH & Co. KG | Feldbachacker 16 | 44149 Dortmund
www.ld-medienhaus.de

Bildnachweis: siehe Seite 224

ISBN: 978-3-96855-311-5
Hergestellt in Deutschland

360grad-medien.de

Corinna Melville und Melanie Ritter

SOUTH AUSTRALIA & NORTHERN TERRITORY

360° medien

VORWORT

Mehr als 3000 Kilometer liegen zwischen dem sonnen- und strandverwöhnten Adelaide im Süden und dem palmenbestückten Darwin hoch im tropischen Norden. Wirklich ausgetretene Pfade sind auf Australiens geografischem Mittelstreifen eher selten; umso reicher ist das Angebot an einzigartigen, über die Grenzen hinaus wenig bekannten Highlights. Wer weiß schon, dass sich hier inmitten des Outbacks einst ein Meer befand, welches ein Riff zehnmal tiefer als das Great Barrier Reef beheimatete? Wer hat je eine Stadt unter der Erde besucht? Wer trieb schon mal im Wasser Nase an Nase mit Delfinen, Seelöwen und Weißen Haien? Und wer weiß, wie man grüne Ameisen schleckt, um von ihren heilenden Säften zu profitieren, dabei aber ihre scharfen Kiefer vermeidet?

Nicht immer sind die Reichtümer South Australias und des Northern Territory allein eine Frage von „gewusst wo". An vielerlei Orten ist das „gewusst mit wem" das entscheidende Los, das Besuchern Zugang in eine Welt gewährt, die uns als Ortsfremden sonst verborgen blieb. So zum Beispiel im Kakadu National Park, in dem sich im Laufe der Tagestour mit Ureinwohnern die wilde Savannenlandschaft in ein Schlaraffenland voller kostbarer Nahrung und Medizin verwandelt. Oder im Rainbow Valley im Roten Zentrum, in dem der Zutritt zu vielen Jahrtausende alten Felsmalereien nur mit indigenem Tourguide möglich ist. Daher stellen wir Ihnen in diesem Buch einige Ureinwohner vor, die uns auf unseren Reisen tiefe Einblicke in ihre Heimat, Geschichte und Kultur gewährt haben und aufgeschlossene Reisende mit offenen Armen empfangen. Solche Begegnungen sind für uns mehr als das i-Tüpfelchen der Bucket List. Sie sind der Schlüssel zu einem tieferen

Verständnis für die Schönheit dieses uralten Erdteils, für dessen Gebrechlichkeit wie ungeheure Resilienz.

In diesem Buch führen wir Sie längs durch die Mitte des australischen Kontinents: von den nach den verheerenden Buschbränden im Januar 2020 in Regenerierung befindlichen Wäldern Kangaroo Islands, durch die Stadt der Kirchen (und unübertrefflichen Surfstränden) Adelaide, vorbei an idyllischen Weingütern, durch Austernfarmen von Weltrang, in tiefe Schluchten, vorbei an bizarren Felsformationen bis hinauf in die mythologiereichen Sandsteinfelsen der Katherine Gorge, das UNESCO-Welterbe des Kakadu National Park und in die Tropenstadt Darwin.

Dies ist ein Fleckchen Erde, das wenig prahlt und dafür umso mehr überrascht – wie eine vergrabene Schatztruhe, deren wahrer Wert nicht im Feingehalt seines Goldes, sondern im Glück seines Betrachters liegt.

Wir wünschen Ihnen viel Freude auf Ihren Entdeckungen!

Corinna Melville und Melanie Ritter

INHALTSVERZEICHNIS

WILLKOMMEN IN SOUTH AUSTRALIA
& DEM NORTHERN TERRITORY 10

TOP TEN DER SEHENSWÜRDIGKEITEN 14

KURIOSES & BESONDERHEITEN 20

ADELAIDE UND UMGEBUNG 26
1. Vor Glenelg mit Delfinen schwimmen 30
2. Cleland Conservation Park: auf Tuchfühlung mit der australischen Tierwelt 34
3. McLaren Vale: genüssliche Vielfalt zwischen Reben und Strand 38
4. Adelaides Southern Beaches: surfen, sonnen, spazieren .. 42
5. Deep Creek National Park: Naturschauspiel im Süden Australiens 46
6. Granite Island: kleine Insel, großer Erholungswert 50
7. Seppeltsfield Winery: Kostprobe vom besten Jahrgang 54
8. Clare Valley: lieblicher Riesling direkt vom Weingut 58

EYRE PENINSULA 62
9. Baird Bay 66
10. Coffin Bay 70
11. Neptune Islands: Shark Cage Diving 74
12. Die Westküste der Eyre Peninsula 78

FLINDERS RANGES 82
13. Wanderung zum Devil's Peak 86
14. Rundwanderung um den Wilpena Pound 90
15. Sacred Canyon und Brachina Gorge: zwischen Felsgravuren und einem versteinerten Riff 94

LIMESTONE COAST UND KANGAROO ISLAND 98
16. Mount Gambier: Naturspektakel und eine Übernachtung im Gefängnis 102
17. Robe und Beachport 106
18. Seal Bay und die Südküste von Kangaroo Island 110
19. Cape Willoughby und die Ostküste von Kangaroo Island 114
20. Coorong National Park: zwischen Seehunden und Pelikanen 118
21. Naracoorte Caves: Reise durch die Naturgeschichte Australiens 122

DARWIN UND UMGEBUNG 126
22. Jumping Crocodile Cruise auf dem Adelaide River: Sprungschau der Krokodilee 130
23. Litchfield National Park: krokofreies Baden im Naturpool 134
24. Mindil Beach: perfekter Sonnenuntergang hinter den Night Markets 138

KAKADU UND ARNHEM LAND 142
25. Mit einem Ureinwohner ins Arnhem Land 146
26. Corroboree Billabong: Naturparadies in den Mary River Wetlands 150
27. Ubirr: uralte Ureinwohner-Kunst trifft auf monumentale Natur 154
28. Twin Falls: 150 Meter spektakulärer freier Fall 158
29. Ureinwohner-Tour im Kakadu National Park: Reise in eine andere Zeit 162

RED CENTRE 166
30. Coober Pedy: wo Glücksucher der Natur trotzen 170
31. Larapinta Trail 174

32. Hot Air Ballooning bei Alice Springs: Schweben über dem Outback ... 176
33. Karlu Karlu: wo der Teufel Murmeln spielt ... 180
34. Ormiston Gorge und Glen Helen Gorge ... 186
35. Kata Tjuta: Valley of the Winds ... 190
36. Rainbow Valley Conservation Reserve ... 194
37. Trephina Gorge und die östlichen MacDonnell Ranges ... 198

KATHERINE UND UMGEBUNG ... 202
38. Jatbula Trail im Nitmiluk National Park: wandern auf den Spuren der Ureinwohner ... 206
39. Elsey National Park: heiße Quellen in idyllischer Lage ... 210
40. Leliyn/Edith Falls: Wasserfall-Idylle im Nitmiluk National Park ... 214

REGISTER ... 218

BILDNACHWEIS ... 224

HINWEISE

Während der Recherche zu diesem Buch änderten Lokale und Besucherattraktionen aufgrund der Corona-Pandemie immer wieder ihre Arbeitsweise. Darum wurde bei den Service-Informationen auf die Angabe von Öffnungszeiten verzichtet. Allen Reisenden sei empfohlen, sich aktuell vor Ort bzw. auf den aufgeführten Internetseiten zu informieren.

Aus Gründen der besseren Lesbarkeit wird auf eine geschlechtsneutrale Differenzierung verzichtet. Entsprechende Begriffe gelten im Sinne der Gleichbehandlung grundsätzlich für alle Geschlechter. Die verkürzte Sprachform beinhaltet keine Wertung.

Wilkommen Down Under

WILLKOMMEN IN SOUTH AUSTRALIA & DEM NORTHERN TERRITORY

Weinbau wird in Südaustralien seit über 200 Jahren betrieben.

Leuchtend rote Erde, ein glasklares Firmament, hartgesottene Outbacktypen und Ureinwohner, die des Abends um das Lagerfeuer tanzen und singen – das sind die Klischees, die wir mit der geheimnisvollen Mitte des australischen Kontinents verbinden. Genau dort liegt die Ikone Australiens, unausweichliches Sinnbild des fünften Kontinents: der Uluru, jener heilige, immense Felsen, dessen Anblick seit Zigtausenden von Jahren Ehrfurcht erweckt.

Doch vom Roten Zentrum mit dem Uluru und den Felsen von Kata Tjuta mal abgesehen: Wer sich durch den heißen und trockenen Mittelstreifen Australiens wagt, der hat vermutlich schon einmal zuvor Australienluft geschnuppert. Und will mehr davon.

Kaum ein Teil Australiens hält so viele Schätze verborgen wie South Australia und das Northern Territory. Wir beginnen unsere Reise zwischen den Lagunen des Coorong National Park mit seinen uralten Mythen und den Riesenpelikanen in den Gewässern.

Kangaroo Island erwacht nach den gewaltigen Bränden des Black Summer 2019/20 zu neuer Blüte und lockt heute wieder Besucher mit seiner einzigartigen Natur. In und um Adelaide warten traumhafte Sandstrände, erstklassige Weingüter und ein prall gefüllter Event-Kalender.

Die Eyre Peninsula im abgelegenen Westen des südaustralischen Bundesstaates bietet ein paar einmalige Erlebnisse: Im Haikäfig geht es auf Tuchfühlung mit dem Weißen Hai und vor der Bucht von Baird Bay kommen Besucher mit Delfinen und Seelöwen Nase an Nase.

Weiter Richtung Norden lauern im Ikara-Flinders Ranges National Park die Hinterlassenschaften eines längst vergangenen Meeres, dessen Spuren sich bis heute in den Felswänden verstecken.

Southport südlich von Adelaide

Coober Pedy scheint die Krönung der Unbarmherzigkeit des australischen Outbacks, und dennoch nennen 2500 Menschen den Ort ihr Zuhause. Der Grund: Hier findet sich die größte Ansammlung kostbarer Opale.

Das Rote Zentrum bietet weit mehr als den Uluru und Katja Tjuta. Ein Besuch im Rainbow Valley mit Ureinwohner-Guide eröffnet neue Blicke in diese einzigartige rote Wüstenlandschaft. Und dann wären da natürlich die mystischen Schluchten und Felsen der MacDonnell Ranges östlich und westlich der Stadt Alice Springs.

Erst bei Katherine scheint man wieder auf Zivilisation zu treffen. Die Stadt ist das Tor zum Nitmiluk National Park, wo der Katherine River vor Millionen von Jahren ein tiefes Schluchtensystem in den Sandstein gegraben hat – heute eine atemberaubende Spielwiese für Wanderer und Kajakfahrer.

Das Outback lockt mit abegelenen Orten.

Darwin liegt näher an Asien als an Sydney, Melbourne oder Adelaide. Den asiatischen Einfluss feiert die Stadt jeden Donnerstag auf dem Night Market am Mindil Beach. Baden ist im Top End ein striktes No-Go, schließlich schlummern überall Leistenkrokodile. Einzige Ausnahme sind die idyllischen Wasserlöcher im Litchfield National Park, von Darwin aus auf einer Tagestour zu erreichen.

Das krönende Finale unserer Reise wird im Kakadu National Park gefeiert, einer der wenigen Orte der Welt, der von der UNESCO sowohl als Weltnatur- als auch als Weltkulturerbe geschützt ist. Eine Tour mit Ureinwohner durch diese alte Savannenlandschaft ist eines der bereicherndsten Erlebnisse.

Eins weiß man am Ende der Reise: Es gibt sie wirklich – die leuchtend rote Erde, den sternenbespickten Himmel, echte Outbacktypen und tief mit ihrem Land verbundene Ureinwohner. Und dann noch so viel mehr.

TOP 10

SEHENSWÜRDIGKEITEN IN SOUTH AUSTRALIA & DEM NORTHERN TERRITORY

1 **Kangaroo Island:** Im Januar 2020 gingen erschreckende Bilder aus Kangaroo Island um die Welt: Wälder in lichterlohen Flammen, Känguruleichen, verängstige Koalas in notdürftigen Tierkrankenhäusern. Das einstige Naturparadies schien dem Untergang nahe. Dann aber kam der Frühling und aus den pechschwarzen Baumstämmen schossen grüne Blätter. Schon bald zwitscherten Vögel in den jungen Astgabeln und Koalas und Co. bevölkerten Wald und Weiden von Neuem. Was uns die Insel südlich von Adelaide heute bietet, ist ein einmaliges Zeugnis der fast unerschütterlichen Resilienz der Natur. Und eine eindrückliche Erinnerung daran, warum diese so schützenswert ist. *australia.com/de-de/facts-and-planning/inspiration/nature-and-wildlife/kangaroo-island-wildlife.html*

2 **Nitmiluk Gorge:** Rein ins Kajak und los! Die uralte Schlucht 350 Kilometer südlich von Darwin auf dem Weg ins Rote Zentrum hat sich hier in Millionen von Jahren in das Sandsteinplateau gegraben. So zumindest erzählen es die Geologen. In der Mythologie der Ureinwohner ist die Regenbogenschlange Schöpfer Nitmiluks und noch heute soll sie in den Gewässern ruhen. An den Ufern lungern Süßwasserkrokodile, vom Kajak aus kann man sie beobachten. Dazu kommen tolle Wanderwege. Am besten verschafft man sich auf dem rund eineinhalbstündigen Baruwei Loop Walk einen ersten Überblick. *northernterritory.com/de/de/katherine-and-surrounds/destinations/nitmiluk-national-park*

3 **Baird Bay:** Ein Fleckchen Australien ganz so wie wir Europäer es uns vorstellen: abgelegen, unermesslich weit und frei. In der Baird Bay – menschliche Einwohnerzahl: drei – geben die Meeresbewohner den Ton an und die Besucher dürfen dem tierischen Geschehen beiwohnen. Unzählige, verspielte Tiere umringen die Schnorchler in der Bucht, stoßen spielerisch die Schnauzen gegen ihre Körper und knabbern in unaufmerksamen Momenten an ihren Zehen. Ein unvergessliches Erlebnis! *bairdbay.com*

4 **Kata Tjuta:** Den Uluru darf man auf der Reise durch Australiens Rotes Zentrum natürlich nicht missen. Aber mindestens genauso pompös und unerwartet ragen die 36 Kuppelfelsen von Kata Tjuta (Bedeutung: „viele Köpfe") aus der öden Landschaft. Wer gut zu Fuß ist, unternimmt die Wanderung durch das Valley of the Winds, die in drei bis vier Stunden tiefe Einblicke in diese einmalige Landschaft ermöglicht. Am schönsten ist die Route übrigens zu Sonnenaufgang, wenn die „Felsköpfe" in hellem Rot erleuchten. *northernterritory.com/de/de/uluru-and-surrounds/destinations/kata-tjuta-the-olgas*

5 **Animal Tracks Safari:** Kulturelle Nachhaltigkeit lautet das Stichwort: An einer wachsenden Anzahl tief-spiritueller Orte gewähren uns heute Ureinwohner Einblicke in ihre Geschichte, Kultur und Gepflogenheiten. Unser Favorit: Mit Ureinwohnerin durch die Tiefen des Kakadu National Park auf der Suche nach Bushtucker, also Essbarem aus der Wildnis von Wasserkastanien und Krabben bis hin zu grünen Ameisen. Am Abend lauscht man am Lagerfeuer ihren Geschichten. *animaltracks.com.au*

---

6 **Sacred Canyon und Brachina Gorge:** Die Flinders Ranges sind das touristische Aushängeschild des Bundesstaates South Australia – ein langgestreckter Höhenzug fünf Fahrtstunden nördlich von Adelaide. Hier liegen einsame Wanderpfade, Jahrtausende alte Felsmalereien und eine dicht bevölkerte Tierwelt. Zwei Highlights sind nur auf einer begleiteten Tour oder mit dem Geländewagen zu erreichen: Die Brachina Gorge entstand vor rund 580 Millionen Jahren und trägt u. a. versteinerte Austern in ihren Wänden, floss doch einst ein Meer quer durch Australien. Im Vergleich dazu erscheinen die Felsgravuren im Sacred Canyon wie moderne Kunst. Mindestens 5000 Jahre, vielleicht sogar viel mehr, sollen die in den roten Stein geschliffenen Symbole alt sein. Die Ureinwohner wissen sie dennoch zu lesen, als seien sie Emoji-Nachrichten von guten Freunden. *walkingsa.org.au/walk/find-a-place-to-walk/sacred-canyon-walk* und *parks.sa.gov.au/parks/ikara-flinders-ranges-national-park*

7 McLaren Vale: Wer sich fragt, wie Adelaides Einheimische eigentlich ihr Wochenende verbringen, schaut mal in McLaren Vale vorbei. Etwa 40 Kilometer südlich vom Zentrum liegt das Weinbaugebiet auf der schönen, küstenumsäumten Fleurieu Peninsula. Knapp 90 Weingüter zählt es, die meisten davon seit Generationen in Familienbesitz. Den Rebensaft gibt es an vielen davon zu verkosten, an Sommerwochenenden oft zu Livemusik und guter Stimmung. Eins der Highlights ist der gigantische Zauberwürfel „The Cube", das Besucherzentrum der Weinkellerei D'Arenberg, in dem der Weg hoch zur Bar durch eine spielerische Kunstausstellung führt. *australia.com/de-de/places/adelaide-and-surrounds/guide-to-mclaren-vale.html*

8 Adelaides Southern Beaches: Surf- und Sandparadies vor den Toren der Metropole. Welche Hauptstadt kann schon mit schöneren Stränden protzen als Adelaide? Am Strand von Moana, von roten Felsklippen eingerahmt, stürzen sich Surfer in die Brandung. Der Rivermouth von Southport ist ein ideales Ausflugsziel für Kajakfahrer. Vor der Küste von Port Noarlunga erstreckt sich ein Riff, das zahlreiche Meerespflanzen und Fische beheimatet. Man kann mit Schnorchel ins Wasser springen oder das Treiben vom alten Steg aus beobachten, der sich 300 Meter ins Meer hineinstreckt. *southaustralia.com/travel-blog/5-of-the-best-beaches-in-adelaide*

9

Ubirr: Der Kakadu National Park ist eine Schatztruhe der Archäologie und hält einige der eindrucksvollsten Felsmalereien Australiens versteckt. Bis zu 2000 Jahre alt soll die außergewöhnliche Kunst von Ubirr im hohen Norden des Nationalparks alt sein, ein Attest der uralten Kultur der Ureinwohner. Jüngere Darstellungen zeugen von der Begegnung mit den weißen Siedlern. Die Kunst von Ubirr hat wesentlich dazu beigetragen, dass der Nationalpark heute den doppelten UNESCO-Status als Weltnatur- und -kulturerbe trägt. *parksaustralia.gov.au/kakadu/do/rock-art/ubirr*

10

Karlu Karlu: Als Devils Marbles – Teufelsmurmeln – sind die riesigen Felsbrocken auch bekannt, die der Satan hier knapp 100 Kilometer südlich von Tennant Creek in den Sand gewürfelt hat. Für die Ureinwohner stellen sie die Eier der schöpferischen Regenbogenschlange dar. Am schönsten ist ihr Anblick im Licht der untergehenden Sonne, wenn die teils aufeinander gestapelten Felsbrocken karminrot aufleuchten.

northernterritory.com/de/de/tennant-creek-and-barkly-region/destinations/karlu-karlu--devils-marbles-conservation-reserve

KURIOSES & BESONDERHEITEN

IN SOUTH AUSTRALIA & DEM NORTHERN TERRITORY

Wo gibt's denn sowas? „Gewiss müssen hier zwei verschiedene Schöpfer am Werk gewesen sein," schrieb Charles Darwin in sein Tagebuch. Säugetiere legen doch keine Eier! Tun sie aber doch, wenn auch nur zwei von ihnen. Kloakentiere oder eierlegende Säugetiere nennt man sie, darunter der Ameisenigel (Echidna) und das Schnabeltier (Platypus). Exemplare von Letzterem schickten die ersten europäischen Forscher zur genauen Untersuchung im 18. Jahrhundert nach London. Dort angekommen zupften sich die Zoologen kurz grübelnd am Bart und zeichneten das seltsame Wesen dann als das Werk eines geschickten Präparators ab. Die Faszination für die biberähnlichen Geschöpfe mit ihrem platten, breiten Schnabel hält bis heute an. In manchen Seen und Flüssen Australiens bekommt man sie mit etwas Geduld zu Sonnenuntergang zu Gesicht.

Riese im Wüstenstaub 700 Kilometer nördlich von Adelaide und mehr als 1000 Kilometer südöstlich von Alice Springs – also mitten im Nirgendwo – liegt der Marree Man im roten Sand, eine riesige Geoglyphe oder Bodenzeichnung, die im Jahr 1998 eine Nation in Aufregung versetzte. Etwa 2,6 Kilometer misst die Figur von Kopf bis Fuß und wird oft als nackter Jäger der Pitjantjatjara-Ureinwohner gedeutet. 2016 wurden die Umrisse nachgebessert. Dabei wurde deutlich, dass sein ursprünglicher Schöpfer das Kunstwerk nur mithilfe eines GPS entworfen haben kann, eine Technologie, die im Jahr 1998 noch in den Kinderschuhen steckte. Der Urheber ist bis heute nicht bekannt.

Integration geht über den Magen Seebarsch mit Spätzle? Ramen Burger? Oder wie wäre es mit Schweinebauch in Austernsoße? Fusion Food heißt der Küchentrend und kaum ein Land versteht das Gourmet-Multikulti so gut wie dieses Einwandererland. Grenzenlos experimentierfreudig geht es in diesen Küchen zu, zum Beispiel im Aurora Restaurant in Adelaide, wo afrikanische Einflüsse das typisch australische Barbecue bereichern.

Regatta für Flintstones Ein Bootsrennen im Fluss – was soll daran schon besonders kurios sein? Nun, der Henley-on-Todd-Regatta fehlt ein entscheidendes Element: Wasser! Das einzige Bootsrennen auf trockenem Boden wird jedes Jahr im August in Alice Springs zelebriert, zu einer Zeit also, wenn die brütende Outbackhitze auch den letzten Tropfen aus dem Fluss gesaugt hat. In selbst gebastelten „Booten" ohne Boden rennen – Verzeihung: rudern – die Wettkämpfer dann im heißen Sand im Flussbett des Todd River. Die Transportmittel reichen von der Badewanne bis zur Jacht. Im Jahr 1993 musste das Bootsrennen abgesagt werden. Grund: Es war einfach zu nass.

BRUNEI DARUSSALAM
PHILIPPINEN
Philippinensee
Pazifischer Ozean
Kuching
Celebessee
Gorontalo
Pontianak
Manokwari
Palangka Raya
INDONESIEN
PAPUA-NEUGUINEA
Timika
Javasee
Makassar
Bandasee
Surabaya
Dili
Arafurasee
Port Moresby
Mataram
OSTTIMOR
Merauke
Salomonensee
Timorsee
Cairns
Korallenmeer
Broome
Townsville
Mackay
Karratha
Gladstone
AUSTRALIEN
Brisbane
Geraldton
Broken Hill
Perth
Mildura
Sydney
Port Lincoln
Canberra
Albany
Große Australische Bucht
Melbourne
Bairnsdale
Tasmansee
Hobart
Indischer Ozean

Arafurasee
Korallenmeer
Timorsee
Darwin
Katherine
Mataranka
Golf von Carpentaria
Kununurra
Daly Waters
Cairns
NORTHERN TERRITORY
Tablelands
Tanami
Mount Isa
Davenport
WESTERN AUSTRALIA
Alice Springs
QUEENSLAND
Yulara
Mantamaru
Marla
SOUTH AUSTRALIA
Cooper Pedy
Nullarboor
Port Augusta
NEW SOUTH WALES
Port Pirie
Große Australische Bucht
Mildura
Port Lincoln
Adelaide
Victor Harbor
VIKTORIA
Naracoorte
Melbourne

Adelaide und Umgebung

Kängurufütterung in Adelaides Cleland Conservation Park

ADELAIDE UND UMGEBUNG

1. Vor Glenelg mit Delfinen schwimmen
2. Cleland Conservation Park: auf Tuchfühlung mit der australischen Tierwelt
3. McLaren Vale: genüssliche Vielfalt zwischen Reben und Strand
4. Adelaides Southern Beaches: surfen, sonnen, spazieren
5. Deep Creek National Park: Naturschauspiel im Süden Australiens
6. Granite Island: kleine Insel, großer Erholungswert
7. Seppeltsfield Winery: Kostprobe vom besten Jahrgang
8. Clare Valley: lieblicher Riesling direkt vom Weingut

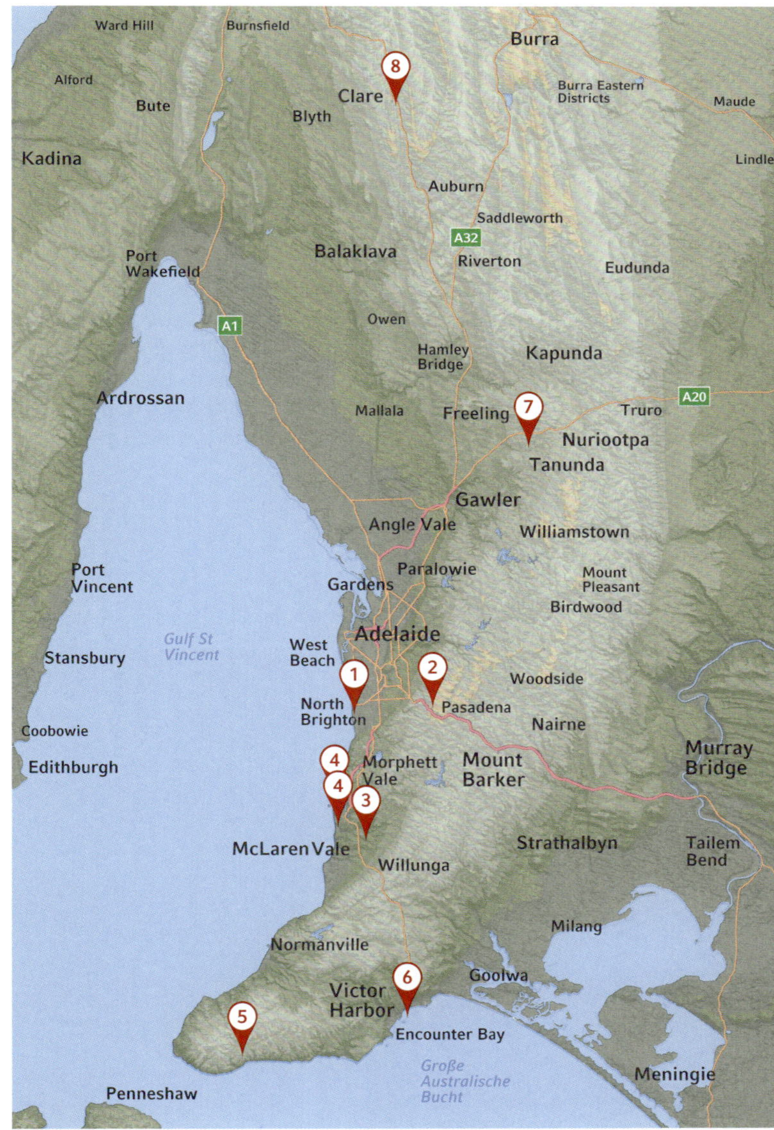
Ward Hill
Burnsfield
Burra
8
Alford
Bute
Clare
Blyth
Burra Eastern Districts
Maude
Kadina
Lindley
Auburn
Saddleworth
A32
Balaklava
Riverton
Eudunda
Port Wakefield
A1
Owen
Hamley Bridge
Kapunda
Ardrossan
A20
Mallala
Freeling
7
Truro
Nuriootpa
Tanunda
Gawler
Angle Vale
Williamstown
Port Vincent
Paralowie
Mount Pleasant
Gardens
Birdwood
Gulf St Vincent
Adelaide
Stansbury
West Beach
1
2
Woodside
North Brighton
Pasadena
Coobowie
Nairne
Edithburgh
4
Morphett Vale
Mount Barker
Murray Bridge
4
3
Strathalbyn
McLaren Vale
Willunga
Tailem Bend
Milang
Normanville
Goolwa
6
Victor Harbor
5
Encounter Bay
Große Australische Bucht
Meningie
Penneshaw

1. Vor Glenelg mit Delfinen schwimmen

Adelaide besticht natürlich mit seiner hervorragenden Gastronomie und einem prall gefüllten Event-Kalender. Aber welche andere Großstadt hat ihren Besuchern schon eine Begegnung mit Delfinen anzubieten? Die Bootstouren, auf denen man mit den kontaktfreudigen Meeresbewohnern im Wasser planschen darf, starten vom Strandvorort Glenelg.

Gerade mal 20 Minuten sind vergangen, seit das Ausflugsschiff den Hafen des lebhaften Vororts von Adelaide verlassen hat, da ertönt schon das erste Zischen und Pfeifen ganz dicht unter der Meeresoberfläche. Vermutlich ist es delfinisch für „Good day mate!" oder ein erforschendes „Wer bist Du denn?" Beides übrigens durchaus möglich: Große Tümmler sind die einzigen Tiere,

Adelaide ist bekannt für seine Bootsstege, aber keins ist so berühmt wie das Glenelg Jetty.

Hunderte Große Tümmler leben vor den Toren Adelaides.

Im Strandvorort Glenelg warten gemütliche Cafés und Restaurants.

von denen Meeresbiologen wissen, dass sie sich Namen geben und diese beim Treffen miteinander austauschen, ja sich sogar beim Namen rufen.

Die Bucht direkt vor den Toren der Großstadt ist bei den Delfinen besonders beliebt. So sollen hier im Gulf Saint Vincent rund 1300 Große Tümmler leben. Ob man sie auch wirklich immer zu sehen bekommt? Ja! Der Touranbieter Temptation Sailing bietet sogar eine Geld-zurück-Garantie, sollte sich tatsächlich mal keiner der verspielten Meeresbewohner blicken lassen. Aber das scheint in all den Jahren noch nie vorgekommen zu sein.

Neoprenanzüge und Schnorchelausrüstung gibt es direkt an Bord. Aufgrund der Strömung hält man sich beim Schwimmen am besten an den am Heck befestigten Seilen fest. Kaum im Wasser, huschen auch schon die ersten drei Delfine vorbei. Erstaunlich groß sind die dunkelgrauen, langschnauzigen Wesen, und eins fällt ganz besonders auf: Sie scheinen's immer eilig zu haben.

Tümmler leben in Gemeinschaften, die in der Regel vom ältesten Männchen angeführt werden. Ihre eigene Sprache in Form von Pfeiftönen imponiert der Wissenschaft derart, dass schon seit vielen Jahren nach einem Schlüssel zur Übersetzung gesucht wird. Aber auch ohne Babelfisch ist das Erlebnis ungemein unterhaltsam!

INFO

Lage: Touren mit Temptation Sailing starten von der Holdfast Promenade in Glenelg, zwölf Kilometer südwestlich des Stadtzentrums, GPS: -34.980367, 138.514334

Aktivitäten:

- Visitor Centre in der Glenelg Town Hall: 1 Moseley Square, *southaustralia.com*

Website: *dolphinboat.com.au*

2. CLELAND CONSERVATION PARK: AUF TUCH-FÜHLUNG MIT DER AUSTRALISCHEN TIERWELT

Vor allem wer vom Freeway her angereist ist, erlebt eine spürbare Entschleunigung auf der sich gemächlich nach oben windenden Summit Road in Richtung Gipfel. Der kleine Cleland Conservation Park im Südosten von Adelaide bietet gleich zwei Ausflugsziele: den Mount Lofty Summit mit fantastischem Blick auf Adelaide und den Cleland Wildlife Park – ein Streichelzoo australischer Art.

Mehr Kängurus als Menschen im Cleland Conservation Park

Die Vogelperspektive, die der Mount Lofty Summit auf Adelaide und seine Umgebung bietet, räumt alle Zweifel aus der Welt: Adelaide ist mit einer traumhaften Lage zwischen dem Gulf Saint Vincent, den umliegenden Weinregionen und den Mount Lofty Ranges gesegnet. Der Gipfel selbst stellt den höchsten Punkt der

Bergkette und liegt auf 727 Metern, leicht erreichbar über die Summit Road. Wer möchte, kann das Auto unten stehen lassen und die Bergwertung zu Fuß antreten. Vom Parkplatz am Waterfall Gully gelangt man auf einem vier Kilometer langen Wanderweg ins Schwitzen – und zum Gipfel. Die Strecke ist sehr beliebt bei Einheimischen, hier begegnet man zu jeder Tageszeit Spaziergängern, Familien und Joggern.

Für die weniger Ambitionierten bietet der Summit auch einige kleinere Spaziergänge mit spektakulären Aussichten. Alle Tracks sind gut ausgeschildert. Im dazugehörigen Restaurant kann man sich anschließend mit einem Drink oder Snack belohnen. Auch der Geschenkeladen ist einen Stopp wert und dient gleichzeitig als Tourist Info.

Wenige Kilometer entfernt vom Summit liegt der Cleland Wildlife Park, dessen Besuch auch viel gereisten Australientouristen unbedingt zu empfehlen ist! Zwar gibt es eine Reihe dieser Parks in Australien, doch keiner bietet eine solch weitläufige Natürlichkeit beim Erleben von Kängurus, Koalas, Emus und Co. Am Eingang kann sich jeder Besucher mit einer Tüte Futter für die australische Tierwelt ausrüsten – rein in den Park und los geht's! Bereits nach wenigen Schritten ist man in das Reich von insgesamt 130 verschiedenen australischen Tierarten eingetaucht. Nicht lange, und das erste Känguru hüpft wie selbstverständlich an einem vorbei oder liegt vollkommen ungestört auf der Wiese.

Regenbogenpapageien (Lorikeets) sind so bunt wie laut.

Liebe auf den ersten Biss

Die meisten Besucher brauchen ein wenig Zeit, bis sie es wagen, mit den teilweise doch sehr großen Tieren mit dem einzigartigen Körperbau auf Tuchfühlung zu gehen. Die Kängurus sind die Nähe zu Menschen freilich längst gewöhnt, und so muss man keine Angst haben, wenn man zunächst vorsichtig die ersten Futterangebote startet. Selbstverständlich gibt es Regeln, an die man sich bei diesen Begegnungen halten sollte! Hier eine kurze Orientierung:

- Nähern Sie sich den Tieren immer langsam und so, dass die Tiere Sie sehen können.
- Rennen Sie Tieren niemals hinterher oder schneiden ihnen den Weg ab.
- Zum Füttern in die Hocke gehen und die Hand immer flach am Boden halten.
- Besondere Vorsicht gilt bei Müttern mit Babykängurus (sogenannten Joeys) im Beutel.

Der direkte Kontakt mit den ikonischen Beuteltieren ist für viele sicherlich das Highlight des Parks. Doch es gibt noch mehr zu entdecken. Haben Sie schon mal einen Koala auf dem Arm gehalten? Hier ist die Gelegenheit! Oder lieber ein Selfie mit Emus? Voilà! Nach ein paar Stunden Aufenthalt im Park kann wirklich jeder von persönlichen Begegnungen mit der australischen Tierwelt berichten.

Koalas sind im Park nur Besucher. Die Zäune sind zu niedrig sie darin zu halten.

INFO

Lage: Der Cleland Conservation Park liegt etwa zehn Kilometer südöstlich von Adelaide, GPS: -34.967206, 138.696899

Aktivitäten:

- Wildlife Park: australische Tiere hautnah erleben und sogar füttern
- Mount Lofty: kurze Wanderungen und Spaziergänge, Picknick, spektakuläre Ausblicke

Website: *clelandwildlifepark.sa.gov.au*

3. McLaren Vale: genüssliche Vielfalt zwischen Reben und Strand

Weinkennern ist das Barossa Valley ein Begriff. Weniger bekannt, aber nicht minder attraktiv, liegt das schöne McLaren Vale unweit der südaustralischen Küste südlich der Stadt. Hervorragende Rebsäfte und erstklassige Feinschmekereien gibt's jeden Tag, am Wochenende sorgen lokale Musiker für gute Stimmung.

Deutlich kleiner als das Barossa Valley bietet das McLaren Vale eine ausgesprochen entspannte Atmosphäre und eine Vielzahl an charakterstarken Weingütern – ein jedes davon bestrebt, sich mit einem individuellem Angebot von den anderen abzusetzen.

Da ist zum Beispiel der ikonische „Cube" des Weinguts d'Arenberg, bereits aus der Ferne ein Blickfang. In dem fünfstöckigen Gebäude kann man neben einer Weinverkostung und 360-Grad-

Zauberwürfel zwischen Reben: Im „Cube" gibt's Weine zu kosten und Kunst zu bestaunen.

Blick über das McLaren Vale auch gleich seinen Sinn für Kunst ausleben und die wechselnden, teils skurrilen Ausstellungen im Gebäude besuchen.

Keine Stunde vom Stadtzentrum und doch fernab des Trubels: McLaren Vale

Selbst das Touristen-Informationszentrum hat einen besonderen Charme und sollte unbedingt mit auf dem Programm stehen. Neben allen Informationen rund um die Region kann man hier im hauseigenen Garten bei Kaffee und Kuchen oder auch einem leckeren Mittagessen entspannen und genüsslich den Aufenthalt im McLaren Vale planen.

Während es die köstlichen Shiraz-Weine sind, für die das McLaren Vale am meisten bekannt ist – Shiraz macht etwa 50 Prozent der Gesamtproduktion aus – finden Weinliebhaber hier auch hochwertige Grenache- und Cabernet-Premiumweine, die den Gaumen verwöhnen. All diese Rebsorten wurden bereits auf internationalen Weinmessen ausgezeichnet. Das Weinbaugebiet blickt auf eine sehr lange Tradition: Einige der ältesten Rebstöcke Australiens stehen hier; der Weinanbau geht bis ins Jahr 1838 zurück.

Etwa 65 Weinkeller – meist kleine Betriebe mit langer Familientradition – liegen in McLaren Vale, dazu kommen 270 unabhän-

Entdecken Sie zahlreiche Weine ganz nach Ihrem Geschmack.

gige Weinbauern. Ein Drittel der Weingüter bietet neben den edlen Rebsäften auch lokale Produkte an. Von Häppchen wie Käse und Oliven bis hin zu hochklassigen Restaurants findet hier jeder etwas.

Samstagmorgens kommt der Besucher in den besonderen Genuss, einen lokalen Bauernmarkt in der Region besuchen zu können. Der Willunga Farmers Market öffnet seine Tore das ganze Jahr über und bei jedem Wetter. Auf dem Willunga Town Square bieten dann über 80 Farmer der Region von 8 bis 12:30 Uhr ihre Produkte an. Nicht verpassen!

Wer sich vor – oder auch nach – der Weinverkostung noch etwas sportlich betätigen und in die wunderschöne Natur rund um das McLaren Vale eintauchen möchte, dem ist der Shiraz Trail, als Teil des Coast to Vines Rail Trail, zu empfehlen, der der ehemaligen Willunga-Zugtrasse folgt. Ob zu Fuß, per Fahrrad oder hoch zu Ross, auf dem breiten, idyllischen Pfad kann man auf acht Kilometern die Seele baumeln lassen. Der gesamte Coast to Vines Rail

Trail startet bei Marino Rocks in Hallett Cove und endet nach 35 Kilometern in Willunga. Der Streckenabschnitt ab McLaren Vale bis Willunga ist als Shiraz Trail bekannt. Er ist gleichzeitig das schönste Stück des Trails.

INFO

Lage: Das McLaren Vale liegt etwa 40 Kilometer südlich vom Stadtzentrum Adelaides, GPS: -35.20359, 138.53985

Aktivitäten: Weinproben, Wandern, Radfahren, Delikatessen

Übernachten:

- McLaren Vale Lakeside Caravan Park: 48 Field Street, McLaren Vale, +61 8 8323 9255, *mclarenvalelakesidecaravanpark.com.au*

Websites:

- *mclarenvale.info*
- *onkaparingacity.com*
- *mclarenvaleandfleurieucoast.com.au*

4. Adelaides Southern Beaches: Surfen, Sonnen, Spazieren

Sydney hat Bondi, Melbourne hat St. Kilda. Aber wer kennt schon Moana oder Port Noarlunga? Dabei können Adelaides Strandvororte südlich der Innenstadt getrost mit ihren bekannteren City-Beach-Rivalen mithalten: Port Noarlunga bietet gemütliche Restaurants und Bars mit Blick auf den langen Holzsteg. Und vor Moanas kilometerlangem Strand reiten das ganze Jahr über Surfer in den Wellen.

Am Ende des Jetty von Port Noarlunga wartet ein Riff auf Schnorchler und Taucher.

Vielfältiger kann ein Strand kaum sein: Vor der Küste von Port Noarlunga erstreckt sich ein Riff, das mehr als 200 Meerespflanzen und unzählige Fische beheimatet. Eine Treppe am Ende des 300 Meter langen Noarlunga Jetty führt hinab in dieses versunkene Paralleluniversum. Bei vielen Tauchkursen in Adelaide steht das Riff auf dem Programm; die Korallen bilden eine gerade Linie, welche die Orientierung erleichtert. Bei Flut kann man an der Strandseite des Riffs entlang tauchen und an der Außenseite zurück zum Jetty schwimmen. Aber schon allein mit Schnorchelmaske ist das Noarlunga Reef imposant.

Wer ein paar Hundert Meter Richtung Süden den Strand entlang spaziert, gelangt nach South Port – ein beliebter Surfspot, an dem der Onkaparinga River ins Meer mündet, daher wird er von den Einheimischen River Mouth genannt. Surfboards und Stand-Up-Paddles (SUPs) verleiht Surf & Sun.

Der Onkaparinga River lädt zu einer idyllischen Kajakfahrt ein. Aber nicht vergessen: Wir befinden uns am Meer – die starken Gezeiten sind nicht zu unterschätzen. Bevor man das Paddel schwingt, wirft man am besten einen kurzen Blick auf die Gezeitentafel der Website *tideschart.com/Australia/South-Australia/Onkaparinga*. Kajaks für ein oder zwei Personen gibt es in Port Noarlunga direkt am Fluss zu mieten.

Perfekt zum Kajaken, Schwimmen und Spazieren: die Flussmündung des Onkaparinga River

Entlang des Küstenpfades von Moana nach Willunga

Der riesige Strand im Küstenvorort Moana, sechs Kilometer weiter südlich, wird am nördlichen Ende von roten Felsklippen eingerahmt. Hier stürzen sich Surfer und Familien in die Wellen. Das südliche Strandende darf sogar mit dem Auto befahren werden. Aber keine Sorge: Abgesehen von manchen Wochenenden in der glühenden Sommerhitze geht es auch hier sehr ruhig zu.

Noch ein Tipp für Spaziergänger: Wer von Moana aus entlang der Esplanade Richtung Norden läuft, erreicht nach knapp fünf Kilometern die Fußgängerbrücke über den Onkaparinga River zum South Port. Von hier aus kann man weiter am Strand entlang bis nach Port Noarlunga laufen.

In beiden Vororten findet man gemütliche Restaurants und Bars – in vielen kann man draußen sitzen, teilweise sogar mit Blick aufs Meer. Empfehlenswert ist zum Beispiel das Deep Blue in Moana, bei dem Pizza, Seafood und Steaks sowie lokal gebraute Biere auf der Karte stehen. In den Sommerferien wird manchmal kurzerhand eine Strandbar in Port Noarlunga aufgebaut. Dazu hat der kleine Ort ein beachtliches Kunstzentrum mit drei Galerien zu bieten, das immer wieder einladende Events organisiert.

INFO

Lage: Port Noarlunga und Moana liegen ca. 30 bzw. 35 Kilometer südlich vom Stadtzentrum Adelaide entfernt, GPS Port Noarlunga: -35.150062, 138.469899, Moana: -35.193951, 138.476913

Aktivitäten: Surfen, Kunst

- Surfbrettverleih sowie Surfkurse bei Surf & Sun in Moana; *surfandsun.com.au*
- Kajaks verleiht Easy Kayaks: 22 Wearing Street, Port Noarlunga; *easykayaks.com.au*
- Kunstzentrum mit drei Galerien in Port Noarlunga: *onkaparingacity.com/Around-me/Arts-and-culture/Arts-Centre*

Übernachten:

- Coast Motel: saubere und helle Apartments direkt an der Küste; 153-157 Esplanade, Port Noarlunga South, *coastmotelandapartments.com.au*

Website: *southaustralia.com/products/fleurieu-peninsula/attraction/port-noarlunga-beach-jetty-reef-and-aquatic-trail*

5. Deep Creek National Park: Naturschauspiel im Süden Australiens

Im Deep Creek National Park findet sich die größte Fläche natürlicher Vegetation, die es auf der Fleurieu Peninsula noch gibt. Der Park wurde 1971 gegründet und ist ein ideales Ausflugsziel für Tageswanderungen. Die spektakuläre Landschaft lässt jedes Wandererherz höherschlagen.

Neben einer Vielzahl an australischen Tieren wie dem grauen Känguru und dem Echidna leben etwa hundert Vogelarten im Park. Von Juni bis Oktober kann man hier auch Wale beobachten.

Vor der rauen Küste des Nationalparks liegt Kangaroo Island.

Der Park bietet mit fünf Campingplätzen die ideale Möglichkeit, einige Tage in der wunderschönen Natur der Fleurieu Peninsula abzutauchen und die Seele baumeln zu lassen.

Insgesamt sind 15 Wanderungen unterschiedlicher Länge und Schwierigkeitsgrade ausgeschildert. Von einfachen kurzen Spaziergängen über etwas längere Wanderungen von 3,5 bis 6,5 Kilometer Länge bis hin zu längeren Tageswanderungen ist für jeden Geschmack und jede Kondition etwas dabei. Besonders zu empfehlen ist der Deep Creek Circuit Hike, der sowohl vom Trig-Campingplatz als auch vom Tapanappa-Campingplatz aus gestartet werden kann. Entlang der Route durchquert man alle Landschafts-

formen, die der Deep Creek National Park zu bieten hat: Über zwölf Kilometer (Gehzeit etwa fünf bis sechs Stunden) führt er durch Eukalyptuswälder, über saftige Hügel, vorbei an Steinstränden und Felsformationen. Mit ein oder zwei längeren Stopps am Wasser kann man den Hike gut zu einer längeren Tagestour ausbauen.

Durch den Park verläuft auch ein berühmter Langstrecken-Trail Australiens: Der Heysen Trail führt von Cape Jervis bis zu den Flinders Ranges. Mit 1200 Kilometern ist er der längste Fernwanderweg Australiens.

Die indigenen Stämme der Kaurna und Ngarrindjeri sind eng mit der Region verbunden und leben bereits seit Tausenden Generationen dort. Das reichhaltige Angebot an Nahrungsmitteln wie Obst, Wurzeln und Samen sowie das Jagen von Kängurus, Fischen, Vögeln und anderer hier lebender Tiere führte dazu, dass die Ureinwohner dieser Region deutlich weniger weit umherziehen mussten als Stämme im Landesinneren. Viele Orte im Park kommen in den Legenden und Geschichten der Ureinwohner vor.

Fünfzehn Wanderwege führen durch die spektakuläre Landschaft des Deep Creek National Parks.

Zeit für eine Abkühlung

INFO

Lage: Der Deep Creek National Park liegt etwa 100 Kilometer südlich von Adelaide im Süden der Fleurieu Peninsula, GPS: -35.626736, 138.256088

Aktivitäten: Wandern, Campen, Tier- und Vogelbeobachtung

Übernachten: fünf Campingplätze, davon vier mit dem Auto erreichbar; Eagle Waterhole ist nur zu Fuß erreichbar.

Website: *parks.sa.gov.au*

Hinweise:

- Das Eintrittsticket muss vor Ankunft im Park gebucht werden! Am einfachsten online: *parks.sa.gov.au*
- Keine Netzabdeckung im Park! Auf der Homepage können Sie auch eine Liste von Händlern abrufen, bei denen Eintrittskarten gekauft werden können.
- Keine Hunde

6. Granite Island: kleine Insel, grosser Erholungswert

Schon der Weg nach Granite Island ist einzigartig. Die ca. 600 Meter lange Brücke, welche das Festland mit der kleinen Insel verbindet, kann man entweder gemütlich zu Fuß oder in einer historischen Pferdekutsche auf Schienen überqueren. Entlang der Rundwanderung auf der Insel warten abstrakte Skulpturen und Meeresbewohner auf die Besucher.

Das kleine Städtchen Victor Harbor ist mit seinen gerade mal 10.000 Einwohnern der größte Ort der Fleurieu Peninsula. Als zweitgrößter Hafen Südaustraliens diente Victor Harbor seit seiner Gründung 1837 vor allem dem Walfang. Heute ist die Stadt Naherholungsgebiet für die Bewohner Adelaides und vor allem im Sommer ein beliebter Urlaubsort. Die kleine Insel Granite Island mit ihren überschaubaren 25 Hektar liegt direkt vor Victor Harbor in der Encounter Bay.

Zur Granite Island geht's mit der Pferdekutsche oder auf Schusters Rappen.

Von Kunstwerk zu Kunstwerk rund um die Insel

Entlang des Kaiki Walking Trails geht es einmal rund um die Insel. In etwa 45 Minuten ist die wunderschöne Strecke von drei Kilometern gut zu schaffen. Belohnt mit dem imposanten Blick aufs Meer, das sich unermüdlich in weißen Wogen gegen die Felsformationen der Insel wirft, kann man hier die Seele wunderbar baumeln lassen. Immer wieder laden große Steine, Grasflächen oder Bänke zum Verweilen ein. Auch für ein Picknick ist der Ausflug auf die Insel perfekt geeignet. Ein Mittagessen mit Panoramablick, wer kann da schon widerstehen? Der Weg ist gesäumt von Skulpturen, in denen sich verschiedene Künstler auf der Insel verewigt haben: ein interessanter Kontrast zu den Bildern, die die Natur liefert.

Eine knappe Stunde dauert der Weg über die Granite Island.

Perfekter Ort für ein Versteckspiel

Die Insel ist ein Paradies für Meerestierbeobachter. Delfine, Pinguine und Seelöwen können hier regelmäßig gesichtet werden. Zwischen Juni und Oktober schwimmen sogar Wale an der Küste entlang. Wer den Tieren noch ein bisschen näherkommen möchte, kann mit verschiedenen Anbietern von Victor Harbor aus auf Bootstour gehen. Für die Gelegenheit, die Zwergpinguine zu sichten, kann man sich zum Sonnenuntergang einer geführten Tour anschließen.

Und noch ein weiteres, eher ungewöhnliches Highlight macht die Gegend einzigartig: Die Thunfischfarm zwischen Victor Harbor und Granite Island ermöglicht Besuchern das Abtauchen mit den großen Fischen.

Wer zwischen all dem, oder am Ende eines schönen Inseltages noch etwas ausspannen möchte, kann sich im Island Café einen

gemütlichen Drink oder Snack gönnen. Das Café liegt unmittelbar neben der Pferdekutschen-Station auf der Insel und besticht mit unkomplizierter Gemütlichkeit.

INFO

Lage: Vor der Küste von Victor Harbor, ca. 100 Kilometer südlich von Adelaide, GPS: -35.564422, 138.630638

Aktivitäten: Spaziergang, Wale, Delfine und Pinguine beobachten, mit Thunfisch schwimmen, Angeln

- Oceanic Victor: Thunfischfarm, Schwimmen mit Thunfischen, Pinguintouren; *oceanicvictor.com.au*

Websites:

- *encountervictorharbor.com.au*
- *oceanicvictor.com.au*

7. Seppeltsfield Winery: Kostprobe vom besten Jahrgang

Das Barossa Valley ist das bekannteste Weingebiet in South Australia und auf dem ganzen Kontinent Synonym für Qualitätstropfen in rot, weiß und rosé. Die mehr als 150 Weingüter der Region reichen von urig bis modern, von traditionsbewusst bis ausgefallen. Die meisten bieten Kostproben an; Besuchern bleibt die Qual der Wahl: Wo soll die Kostenprobentour beginnen?

Seppeltsfield Winery

Die ersten Siedler, die sich im Barossa Valley niederließen und mit Weintrauben experimentierten, waren preußische Alt-Lutheraner, die der Gegend eine deutsche Note verpassten. Noch heute erinnern viele Geschäfts-, Straßen- und Ortsnamen an die deutschen Wurzeln, so zum Beispiel der Retroladen „Allerlei" in Tanunda mit seinen hausgemachten Marmeladen sowie das „Wursthaus" nebenan, das Bratwürste mit Sauerkraut serviert.

Mit über 150 Weingütern, von denen gut die Hälfte Weinproben in urigen bis eleganten „Cellar Doors" (Verkostungsräumen) bietet, ist ein Besuch des Barossa eine Frage von gewusst wo. Das imposante, gepflegte Weingut von Seppeltsfield im gleichnamigen Ort ist zum Einstieg perfekt. Spazierwege führen über die penibel gepflegte Anlage mit Weinkellern, alten Wohnhäusern und kilometerweiten Reben. Eine täglich stattfindende Kostprobe der Standardweine gibt es ab zehn Dollar pro Person; wer eine – oder viele – Flaschen Wein erwirbt, bekommt die Verkostungsgebühr vom Preis abgezogen.

Tief in den Weinkellern uralte Jahrgänge verkosten

Tiefer eintauchen kann man auf einer der informativen Touren, Infos sind online unter *seppeltsfield.com.au* erhältlich. Schonmal einen Wein des eigenen Geburtsjahres gekostet? Genau das bietet die „Taste Your Birth Year Tour". Noch mehr Flaschenreife (zumindest für alle unter Hundertjährigen) gibt es auf der „Centenary Tour" zu kosten. Dabei steht nicht nur ein Besuch des alten Familiensitzes auf dem Plan, sondern auch die Verkostung eines Weines aus dem eigenen Geburtsjahr sowie eines hundert Jahre alten Tropfens. Ein Erlebnis, das man kaum zweimal finden wird, denn Seppeltsfield lagert als einziges Weingut der Welt bereits seit 1878 und bis heute ein Fass eines jeden Jahrgangs.

Bis im Jahr 2024 soll sich über den Weinreben von Seppeltsfield übrigens ein 6-Sterne-Luxushotel hinauf in den weiten Himmel schrauben. Auf zwölf Stockwerken und in 70 Zimmern darf man sich hier nach intensiver Weinverkostung dann glückselig in die Federn werfen.

Das Kontrastprogramm findet man im kleinen, urigen Weinkeller von Rockford Wines in Tanunda, wo der Staub auf den alten Weinfässern zum Inventar zählt. Feinschmecker sollten unbedingt in Maggie Beer's Farm Shop in Nuriootpa vorbeischauen, wo man Delikatessen kosten und an einer Kochdemonstration der Fernsehköchin Maggie teilnehmen kann.

Das Barossa Valley ist das älteste Weinanbaugebiet South Australias.

Das Angebot im Barossa Valley ist so vielfältig, dass man sich am besten einer Tour anschließt, denn es gibt unzählige Weine zu kosten (Touranbieter siehe Kasten).

Auf dem Segway durch die Weinreben

INFO

Lage: Die Seppeltsfield Winery liegt an der gleichnamigen Straße im gleichnamigen Ort, GPS: -34.488979, 138.918777

Aktivitäten:

- Zahlreiche Touranbieter reisen in Bussen von Adelaide ins Barossa Valley; *barossa.com/visit/tours-transport*
- Auf die individuellen Bedürfnisse ihrer Teilnehmer abgestimmt sind die ganztägigen „Best of Barossa"-Touren von A Taste of South Australia mit maximal fünf Gästen; *tastesa.com.au*
- Rockford Wines: 131 Krondorf Road, Tanunda
- Maggie Beer's Farm Shop: 50 Pheasant Farm Road, Nuriootpa
- Vine Inn Hotel: bietet Motelzimmer und komplett ausgestattete Apartments sowie in einem modernen Komplex höherklassige Hotelzimmer, Garten, Pool, Restaurant und Bar gehören auch zur Anlage; 14 Murray Street, Nuriootpa, *vineinn.com.au*

Information: Das Barossa Visitor Centre befindet sich in Tanunda, 66 Murray Street, *barossa.com*

Website: *seppeltsfield.com.au*

8. CLARE VALLEY: LIEBLICHER RIESLING DIREKT VOM WEINGUT

Nur zwei Stunden nördlich von Adelaide liegen die idyllischen Weinberge des Clare Valley – ein beliebtes Ziel für einen Tagesausflug. Aber wenn der Wein schon mal so köstlich schmeckt und die Landschaft so einladend ist, warum sollte man so schnell wieder abreisen? Wer mehr Zeit hat, mietet sich ein Fahrrad, denn das Tal bietet schöne Radwege.

Das Clare Valley ist weniger bekannt und weniger besucht als das Barossa Valley. Auf den etwa 50 Weingütern mit Kellereien geht es

Die Sevenhill Cellars ist das älteste Weingut im Clare Valley.

ruhiger zu, aber das Angebot ist nicht minder attraktiv. Dazu kommen einige Feinschmeckerrestaurants sowie kleine Cafés und Läden, die die Spezialitäten der Region darbieten: Honig, Apfelwein (Cider), Olivenöl, aber auch Lammfleisch und Bush Tucker, also traditionelle Nahrungsmittel, wie man sie in Australiens wilder Natur findet.

Den Grundstock zu diesem Ausflugsziel legten frisch eingewanderte Jesuiten in den 1850er-Jahren. Auf der Suche nach Glaubensfreiheit stießen sie auf dieses fruchtbare Fleckchen Erde und erkannten bald, dass ihre sorgfältig gepflanzten Rebstöcke den Bedarf an Altarwein schnell zu übersteigen vermochten. Nur

Sevenhills Cellars

wenige Erntejahre später wurde der erste Weinkeller von Hand ausgehoben und die Qualitätstropfen von Sevenhill in Weingläsern in ganz Australien und später sogar über die Grenzen des roten Kontinents hinaus geschwenkt. Sevenhill Cellars ist bis heute das bekannteste Weingut im Clare Valley und serviert trockene Rot- und Weißweine sowie Dessertweine. Wer nicht nur einen Blick ins Glas, sondern auch hinter die Kulissen werfen will, schließt sich einer der sehr empfehlenswerten Touren an.

Andere bekannte Namen sind Taylors in der Nähe von Auburn sowie Pikes und The Wilson Vineyard, beide in Polish Hill River.

Aber Weinverkostung ist nicht alles, was das Clare Valley zu bieten hat. Der 33 Kilometer lange Riesling Trail verläuft entlang einer alten Bahnlinie, die einst die Stadt Spalding mit Adelaide verband. Nachdem heftige Buschbrände am sogenannten Ash Wednesday im Jahr 1983 die Gleise unbefahrbar machten, hauchten outdoorfreudige Anwohner der Strecke neues Leben ein und funktionierten sie in einen Radweg um. Entlang der Strecke von Auburn im Süden über Watervale, das auf einem Hügel liegende Penwortham, Sevenhill und Clare bis zum White Hut Creek liegen zahlreiche weitere Weingüter. Aber Vorsicht: Die Alkoholgrenze von 0,5 Promille gilt auch für Radfahrer!

Durch die Reben der Sonne entgegen

INFO

Lage: Das Clare Valley liegt knapp 150 Kilometer nördlich von Adelaide, GPS: -33.833391, 138.612004

Übernachten:

- Clare Valley Motel: liegt auf einem Hügel und bietet komfortable Zimmer, freundlichen Service und ein hervorragendes Restaurant; 74A Main N Road, Clare, *clarevalleymotel.com.au*

Information:

- Clare Valley Visitor Information Centre: 8 Spring Gully Road, Clare, Tel. +61 1800 242 131

Website: *clarevalley.com.au*

Eyre Peninsula

Fussspuren sind an der abgelegenen Küste der Talia Bay selten.

Eyre Peninsula

9. Baird Bay
10. Coffin Bay
11. Neptune Islands: Shark Cage Diving
12. Die Westküste der Eyre Peninsula

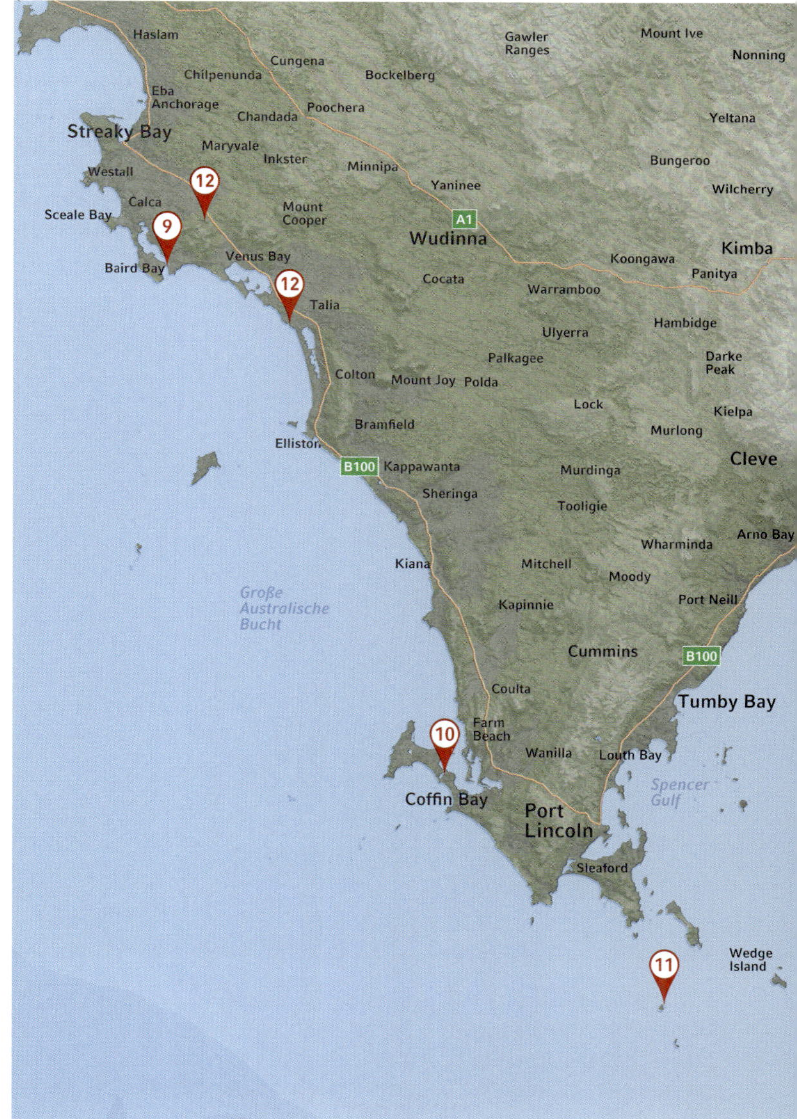
Haslam
Cungena
Gawler Ranges
Mount Ive
Nonning
Chilpenunda
Bockelberg
Eba Anchorage
Poochera
Chandada
Streaky Bay
Yeltana
Maryvale
Inkster
Minnipa
Bungeroo
Westall
12
Yaninee
Wilcherry
Calca
Mount Cooper
Sceale Bay
9
A1
Wudinna
Kimba
Baird Bay
Venus Bay
Koongawa
Panitya
12
Cocata
Warramboo
Talia
Hambidge
Ulyerra
Palkagee
Darke Peak
Colton
Mount Joy
Polda
Lock
Kielpa
Bramfield
Murlong
Elliston
Cleve
B100
Kappawanta
Murdinga
Sheringa
Tooligie
Arno Bay
Wharminda
Kiana
Mitchell
Moody
Große Australische Bucht
Kapinnie
Port Neill
Cummins
B100
Coulta
Tumby Bay
Farm Beach
10
Wanilla
Louth Bay
Spencer Gulf
Coffin Bay
Port Lincoln
Sleaford
Wedge Island
11

9. BAIRD BAY

Bei der letzten Volkszählung 2016 brachte es das kleine Feriendorf am Ende einer unbefestigten Sackgasse gerade mal auf drei Einwohner. Die wichtigsten Einheimischen ließ der Zensus allerdings außen vor: Für eine große Zahl von Delfinen und Seelöwen bietet die Bucht einen nahrhaften Lebensraum – und die beste Spielwiese. Auf einer Schnorcheltour kommen Besucher Nase an Nase mit den Meeresbewohnern.

Klare Einladung zum Spielen

Für Alan und Patricia Payne sind die Seelöwen wie rastlose Nachbarskinder, immer auf der Suche nach einem lustigen Erlebnis. Das Ehepaar saß eines sommerlichen Tages im Jahr 1992 wie so oft in ihrem kleinen Fischkutter und genoss die Stille in der abgelegenen Bucht. Ein junger Seelöwe schwamm neugierig um das

Boot und kam dabei immer näher. Von der Neugierde angesteckt, glitt Alan kurzerhand mit ins Wasser. Zu seinem Erstaunen wich der Seelöwe nicht zurück, sondern inspizierte den Fremdling mit größtem Interesse. Es dauerte nicht lange, da kamen andere Seelöwen dazu – Alan wurde für die Meerestiere zur exotischen Attraktion aus der Welt da draußen.

Heute teilt Alan das einzigartige Naturerlebnis mit den wenigen Besuchern an dieser abgelegenen Bucht an der Westküste der Eyre Peninsula. Vom Strand in Baird Bay geht es mit dem kleinen Boot hinaus bis zu den vorgelagerten kleinen Inseln. Hier schlummern die Seelöwen in der Sonne, die dicken Muttertiere oben am Hang, die Jungen teils dicht an ihre Mama angelehnt, andere planschen im kleinen Naturpool direkt an der Küste.

Neugierig sind vor der Baird Bay nicht nur die Schnorchler.

Wenn die Robben dann erst einmal auf das Boot aufmerksam geworden sind, wälzen sie sich ins Wasser und schwimmen auf ihre Besucher zu. Eine klare Einladung zum Spielen: Jetzt schnell die Schnorchelmaske auf und rein! Alan hat bestimmt nicht zu viel versprochen: Die Seelöwen sind so zutraulich und kontaktfreudig, dass sie uns bis vor die Taucherbrille schwimmen oder in unaufmerksamen Momenten sogar an den Zehen herumknabbern.

Die Begegnung mit diesen „Puppies of the Sea" ist hier in der Baird Bay nicht nur höchstwahrscheinlich, sondern geradezu unausweichlich. In den letzten Jahren soll die vorgelagerte Jones

Nase an Nase mit dem Seelöwen

Island 120 erwachsene Seelöwen beheimatet haben, dazu kommen rund 25 Junge, die in den ersten 18 Lebensmonaten komplett auf ihre Mütter angewiesen sind und meist dicht an deren Seite bleiben.

Aber Moment mal: Wo Seelöwen sind, da gibt es auch Haie, oder? Tatsächlich sind Haie – Kupferhaie, aber auch Weiße Haie – hier in der Great Australian Bight beheimatet. Eine Begegnung mit einem Hai gab es in den über 20 Jahren, seit denen Alan in seinem Tourboot Besucher in die Bucht bringt, noch nie. Trotzdem würden alle Vorsichtsmaßnamen getroffen, um das Erlebnis so sicher wie möglich zu machen, versichert er uns.

Keine hundert Meter weiter im etwas tieferen Wasser der Bucht tummeln sich Delfine. Diesmal ist wirklich keine Zeit zu verlieren – Schnorchel an und rein ins Wasser – Delfine haben es in der Regel eilig. Im Vergleich zu den verspielten Seelöwen wirken die Großen Tümmler wie eifrige Karrieremacher, die zwischen Arbeit und Feierabendprogramm an einem ungewöhnlichen Szenario vorbeigekommen sind: Menschen im Wasser. So geht Rushhour in der Bucht.

Was uns Landbewohner für die Robben und Delfine so anziehend macht, bleibt nur Vermutungen überlassen, Köder oder sonstige Methoden zur Anlockung sind für Alan und seine Crew strikt tabu. Der Mensch ist hier der Eindringling und die Regeln bleiben den Meeresbewohnern überlassen.

INFO

Lage: Die Baird Bay liegt etwa 280 Kilometer nordwestlich von Port Lincoln und 180 Kilometer südlich von Ceduna, GPS: -33.148292, 134.363173

Information:

- Streaky Bay Visitor Centre: 21 Bay Road, Streaky Bay, *streakybayvisitorcentre.business.site*

Website: *bairdbay.com*

10. COFFIN BAY

Keine Frage: Coffin Bay liegt unbestreitbar an einem Fleckchen Erde, das an Abgelegenheit kaum zu übertreffen ist. Dabei ist es keinesfalls so leblos, wie der Name vermuten lässt. Der flache Naturhafen dieser geschützten Bucht bietet Raum für eine der produktivsten und gesündesten Austernfarmen der Welt. Eine gemütliche Bootstour durch die Farm – natürlich mit Verkostung – muss unbedingt auf den Besuchsplan.

Wie wäre es mit Oyster Pie zum Lunch? Oder einem Schuss Wodka mit Tomatensaft und frischer Auster als Digestif? Oder – für all diejenigen unter uns, für die die Auster an sich schon exotisch genug ist – einfach eines der salzig-glitschigen Weichtiere frisch von der Muschelschale geschleckt?

Die ruhigen Gewässer vor Coffin Bay sind ideal für die Austernzucht.

Bei den Austernfarmern von Coffin Bay ist die Experimentierfreude groß. Dabei sind die ausgefallenen Austernrezepte nur das i-Tüpfelchen einer erfahrenen und äußerst erfolgreichen Zuchtindustrie, deren Erzeugnisse heute in der ganzen Welt gefragt sind.

Austerfarm vor Coffin Bay

In den Genuss kommt man auf einer Bootstour durch die Austernfarm, zum Beispiel mit Pure Coffin Bay Oysters, das von Züchter Chris Hank betrieben wird. Eines ist ganz schnell klar: Für Chris ist die Auster mehr als Einkommensquelle – die Muscheln sind seine Züchtlinge, sein lebenslanges Studienobjekt, seine Leidenschaft. Seit über 20 Jahren betreibt er mit seiner Frau die Austernfarm vor Coffin Bay, von der aus die Muscheln in die ganze Welt exportiert werden. Und in den letzten Jahren ist die Nachfrage explodiert. Denn während ein bislang unbekannter Virus den Pazifischen Austern an vielen anderen Orten den Garaus machte, gedeihen die Muscheln hier prächtigst – eine Tatsache, die Chris dem nahrhaften Wasser an diesem abgelegenen Stückchen Erde verdankt. Als es zur Verkostung geht, schneidet Chris mit trainierter Hand in die harte Schale auf und serviert das frische Muscheltier mit Zitrone. Mehr braucht es auch nicht: Das Salzwasser der Coffin Bay ist die beste Würze.

Einen Spritzer Zitrone und auf die Zunge: Austern direkt von der Farm

Wer genug Meeresfrüchte geschlemmt hat, fährt zum Coffin Bay National Park auf der vorgelagerten Landzunge, die sich in die Great Australian Bight hineinstreckt. Die Straßen im Park sind durchweg geteert, man darf also auch im Mietwagen hineinfahren. Um den obligatorischen Park Pass kümmert man sich am besten schon im Voraus (online buchbar unter *parks.sa.gov.au*), denn im Nationalpark gibt es kein Netz. Auch das Café Beachcomber an der Esplanade verkauft die Pässe.

Die Austern von Coffin Bay genießen weltweit einen erstklassigen Ruf.

An der Yangie Bay gibt es einen idyllisch gelegenen Campingplatz, von dem aus man über die ruhige Bucht blickt. Hier starten die Wanderpfade zur Coffin Bay Peninsula mit weiteren Campingplätzen, die alle nur zu Fuß zu erreichen sind. Schnorchelausrüstung nicht vergessen, denn der Park bietet traumhafte, oft fußspurenfreie Strände und eine lebhafte Unterwasserwelt direkt davor. Aber auch an Land mangelt es nicht an tierischen Einheimischen: Im Park leben Emus, Kängurus und unzählige Vögel wie der Lachende Hans, der die Zeltenden schon gern mal früh am Morgen aus dem Schlaf kichert.

INFO

Lage: Der Coffin Bay National Park liegt 50 Kilometer nordwestlich von Port Lincoln und 380 Kilometer südlich von Ceduna, GPS: -34.58027, 135.320124

Information:

- Beachcomber Cafe: 113 Esplanade, Coffin Bay

Websites:

- *coffinbayoysters.com.au*
- *parks.sa.gov.au/find-a-park/Browse_by_region/Eyre_Peninsula/coffin-bay-national-park*

11. Neptune Islands: Shark Cage Diving

Die Gewässer um die Neptune Islands in der Great Australian Bight sind einer von nur fünf Orten weltweit, an denen man im Unterwasserkäfig mit Weißen Haien abtauchen darf. Klingt nach einem Erlebnis für unverbesserliche Adrenalinjunkies? Nicht unbedingt. Die Begegnung mit den erhabenen Meeresriesen mag sich als erstaunlich meditativ erweisen.

Kult statt Köder ist die ökologische Devise der Adventure Bay Charters, die Bootstouren ab Port Lincoln bieten, mit der Option im Unterwasserkäfig mit dem Weißen Hai auf Tuchfühlung zu gehen. Ein umgekrempeltes Zoo-Erlebnis: Nicht die Tiere sind im Käfig, sondern die menschlichen Eindringlinge. Fischköder sind strikt verboten, gelockt wird ausschließlich mit schweren Seilschleudern, die die Wasseroberfläche erbeben lassen, und Tonvibrationen, die über eine angeseilte, wasserdichte Soundanlage erzeugt werden. Ganz oben auf der Top-Ten-Hitliste steht AC/DC – und das schon seit Jahren. Keine Frage: Weiße Haie lieben den australischen Hardrock.

Gute zwei Stunden dauert die Bootsfahrt zu den Neptune Islands. Dabei kann das Boot schon mal ganz schön ins Schwanken geraten. Wer schnell seekrank wird, besorgt sich am besten schon im Voraus die entsprechenden Tabletten in der Apotheke in Port Lincoln.

Eine Hai-Dame auf der Durchreise

Musik lockt die Weißen Haie an – am liebsten Metal!

Wer sich der ganzen „Angelegen-Hai-t" noch nicht so ganz sicher ist, macht es sich zunächst im Aqua-Sub bequem, einer dem Tourboot angeschlossenen gläsernen Kabine unter Wasser, die einen klaren Blick tief ins endlose Blau bietet. Wenn dann aber der erste Weiße Hai am Käfig entlanggleitet, na, da bleibt einfach keine andere Wahl mehr: Jetzt nichts wie rein in den Käfig!

Übrigens bedarf es keines Tauchscheins, um sich im Neoprenanzug und mit Tauchmaske in den Käfig hinabzulassen. Das Erlebnis steht auch jenen offen, die noch keinerlei Taucherfahrung haben. Der Boden des Käfigs treibt nur gute zwei Meter unter der Wasseroberfläche, sodass man jederzeit auftauchen kann. Aber wenn es dann zur Begegnung mit dem Ozeanriesen kommt, hat man es damit womöglich gar nicht mehr so eilig: ein atemberaubendes Erlebnis!

Übrigens nahm der Hai-Tourismus in South Australia seinen Anfang. In den 1960er-Jahren galt der Weiße Hai hier als „Monster der Meere", ein für den Menschen gefährliches Lebewesen, das Sportfischern bestenfalls als Trophäenbringer diente.

Einer davon war Rodney Fox, der sich während eines Angel-Wettkampfs im Dezember 1963 im Jagdfieber besonders weit vor die Küste Adelaides hinauswagte und dabei kurzerhand selbst zur

Nicht die Tiere, nein, der Mensch ist hier im Käfig.

Beute wurde. Ein Weißer Hai biss ihn in den Oberkörper und brach ihm sämtliche Rippen. Die beinahe tödliche Begegnung hinterließ dem heute 79-Jährigen einen Haizahn im Schulterblatt, aber darüber hinaus eine beeindruckende Erkenntnis: dass der Weiße Hai weltweit geachtet und geschützt und nicht gejagt gehört. 462 Nadelstiche und ein paar reflektierende Jahre später ließ Rodney den ersten Unterwasserkäfig zur Haibeobachtung entwerfen. Es dauerte nicht lange, bis Dokumentarfilmer an seine Tür klopften – und schließlich das Team von Steven Spielberg, das in Rodneys Käfig Szenen für den Kinoklassiker „Der Weiße Hai" drehte.

Heute teilen Rodney und sein Sohn Andrew ihre Faszination für das „Meeresmonster" mit Touristen aus aller Welt. Auf den drei- bis fünftägigen Rodney Fox Shark Expeditions können ausgebildete Taucher sich im Käfig bis auf den Meeresboden in 20 Meter Tiefe hinabsenken lassen, ein weltweit einmaliges Erlebnis. Andere Anbieter wie Adventure Bay Charters bieten das Kurzprogramm als Tagestour.

INFO

Lage: Die Neptune Islands befinden sich ca. 50 Kilometer südlich von Port Lincoln (Luftlinie), GPS: -35.321556, 136.115234

Aktivitäten:

- Die Touren von Adventure Bay Charters werden je nach Nachfrage dreimal wöchentlich angeboten, im Winter seltener.
- Die Touren von Rodney Fox Shark Expedition starten im Sommer ebenfalls mehrmals pro Woche, im Winter seltener. Sie sind oft lange im Voraus ausgebucht.

Information:

- Port Lincoln Visitor Information Centre: 3 Adelaide Place, Port Lincoln, *visitportlincoln.net.au*

Websites:

- *adventurebaycharters.com.au*
- *rodneyfox.com.au*

12. DIE WESTKÜSTE DER EYRE PENINSULA

Die steinernen „Haystacks", die hier so unerwartet aus der Landschaft ragen, wirken wie die vergessene Ernte eines überirdischen Farmers, der eines Tages vielleicht von der weiten See in den Bann gezogen wurde und seine Arbeit kurzum vergaß. Man kann es ihm nicht verübeln: Die Westküste der Eyre Peninsula bietet eine unberührte, wilde Kulisse aus türkisfarbenem Wasser und spektakulären Klippen.

Die Heuballen eines überirdischen Bauern?

Etwa eine halbe Fahrtstunde südlich von Streaky Bay führt die Hauptstraße ab zu den einzigartigen Murphy's Haystacks. Ihren Namen erhielten diese der Legende nach übrigens von einem schottischen Landwirt, der die runden Felsen aus der Entfernung tatsächlich für die Heuballen des damaligen Landbesitzers Denis Murphy hielt. In Wahrheit zählen die Haystacks zu den ältesten Felsen der Erde: 1,6 Milliarden Jahre sollen die Granitballen bereits auf ihren bemoosten Buckeln haben. Es ist also gut vorstellbar, dass schon der ein oder andere Dinosaurier in ihrem Schatten eine Ruhepause einlegte.

Die Felsen liegen zwar auf Privatgrund, sind aber frei zugänglich, am Parkplatz wird lediglich um eine kleine Spende gebeten, die man in die „Honesty Box" gibt. Besonders prachtvoll erscheinen die Heuballen übrigens zu Sonnenuntergang, wenn die tiefen Rot- und Grüntöne noch intensiver aufleuchten und langsam der Mond dahinter zum Vorschein kommt.

Etwa 50 Kilometer südlich der Haystacks führt die Talia Caves Road von der B100 ab zur imposanten Woolshed Cave. Die tosenden

Woolshed Cave: das Schlüsselloch zum Meer

Spaziergang am Strand der Endlosigkeit

Wellen haben hier eine tiefe Höhle in den Fels geschlagen. Eine Holztreppe führt hinunter zum Felsvorsprung, je nach Gezeiten kann man bis tief in die Höhle hineinlgehen und durch den schlüssellochförmigen Eingang den Blick auf die raue See genießen. Nur einen Kilometer weiter liegt The Tub, ein ebenfalls von der rauen Strömung geformter Kessel, dessen Wände sich zehn bis 30 Meter tief zum Grund hinabstürzen.

Am langen Talia Beach stürzt man sich am besten selbst in die Wellen. Den grellweißen Sandstrand teilt man sogar an den herrlichsten Sonnentagen – und von denen gibt es auf der Eyre Peninsula viele – mit nur wenigen anderen Besuchern. Zum Schnorcheln geht man am besten am nördlichen Ende des Strands ins Wasser. Hier, zwischen den ins Meer hinausragenden Felsen, ist die Unterwasserwelt besonders lebendig.

INFO

Lage: Die Murphy's Haystacks befinden sich 41 Kilometer südlich von Streaky Bay bei Mortana, GPS: -33.015331, 134.491318. Woolshed Cave und Talia Beach liegen ca. 90 Kilometer südlich von Streaky Bay, GPS: -33.316817, 134.78488

Information:

- Streaky Bay Visitor Centre: 21 Bay Road, Streaky Bay, *streakybayvisitorcentre.business.site*
- Port Lincoln Visitor Information Centre: 3 Adelaide Place, *Port Lincoln, visitportlincoln.net.au*

Website: *southaustralia.com/products/eyre-peninsula/attraction/murphys-haystacks*

Flinders Ranges

Aus der Luftperspektive ist Wilpena Pound am eindrucksvollsten.

Flinders Ranges

13. Wanderung zum Devil's Peak
14. Rundwanderung um den Wilpena Pound
15. Sacred Canyon und Brachina Gorge: zwischen Felsgravuren und einem versteinerten Riff

Blinman
Angorigina
Gum Creek Station
Wirrealpa
Flinders Ranges
15
Lake Torrens
Wintabatinyana
B83
Ikara-Flinders Ranges National Park
Willow Springs
15
14
Upalinna
Lake Torrens Station
Mount Havelock
Shaggy Ridge
Barndioota
Hawker
Holowiliena South
Yadlamalka
Wilkatana Station
Witchitie
Belton
B83
Yanyarrie
13
Quorn
B80
North Hills
Port Augusta
Johnburgh
Stirling North
B82
A1
Cavenagh
Wilmington
Erskine
B56
Willowie
Orroroo

13. Wanderung zum Devil's Peak

Zugegeben: Wer unter Höhenangst leidet, spart sich die letzten paar Meter dieser etwa 90-minütigen Wanderroute vielleicht lieber. Denn hoch oben am Devil's Peak fällt der Fels abrupt Hunderte von Metern in die Tiefe hinab. Aber die Aussicht darf man auch ohne Adrenalinkick genießen.

Die Wanderung startet am ausgeschilderten Parkplatz zum Devil's Peak Walking Trail. Auf dem ersten Kilometer geht es noch recht bequem über Stock und Stein. Danach wird es immer steiler. Hoch auf den Felsen geht es dann nur über eine kurze, aber senkrechte Kletterpartie durch einen Felsspalt.

Die sagenhafte Aussicht vom Devil's Peak

Auf den letzten Metern zum Ziel muss geklettert werden …

... ist die Anstrengung aber duchaus wert!

Keine Frage, die Mühe lohnt sich: Von hier oben bietet sich eine atemberaubende Aussicht über Quorn, die südlichen Flinders Ranges und bis zum Spencer Gulf. Wer es wagt, geht vor bis zum Ende des schrägen Felsplateaus – hier befindet man sich knapp 700 klaffende Meter über dem Meeresspiegel.

Am Ende der Wanderung belohnt man sich am besten in Quorn: Guten Kaffee, Milchshakes und Sandwiches gibt's im Quandon Cafe in der First Street. Wer möchte kann sich von dort aus noch ein paar der historischen Gebäude der in den 1870er-Jahren gegründeten Stadt ansehen.

INFO

Lage: Der Devil's Peak liegt etwa elf Kilometer südlich von Quorn und 47 Kilometer nordöstlich von Port Augusta, GPS: -32.41518, 137.991283

Information:

- Flinders Ranges Visitor Centre: 19 Railway Terrace, *Quorn, frc.sa.gov.au/tourism*

Website: *walkingsa.org.au/walk/find-a-place-to-walk/devils-peak-walking-trail*

14. Rundwanderung um den Wilpena Pound

Der Ikara-Flinders Ranges National Park ist zweifellos eines der spektakulärsten Stückchen Outback, das der Bundesstaat South Australia zu bieten hat. Aushängeschild ist Wilpena Pound, ein natürlicher Kessel, der den Ureinwohnern seit Jahrtausenden als Versammlungsort und Schutzkammer dient. Ein 19 Kilometer langer Wanderpfad führt entlang des Kesselrandes.

Als „Ikara" – übersetzt Treffpunkt – bezeichnen die hier heimischen Adnyamathanha-Ureinwohner den Wilpena Pound. Tatsächlich dürfte es schwer sein, einen schöneren Versammlungsort zu fin-

Mitten im Kessel: auf dem Rückweg durch den Wilpena Pound

den. Bis zum heutigen Tag werden an einigen Stellen Zeremonien veranstaltet, die allerdings nur den Ureinwohnern zugänglich sind.

Besucher erhalten auf dem Wilpena Pound Hike einen Eindruck von diesem riesigen, natürlichen Amphitheater. Es empfiehlt sich die Wanderung früh am Morgen zu starten; sieben bis acht Stunden sollte man für den gesamten Rundweg mindestens einplanen. Ein einfach etwa 1,25 Kilometer langer Abstecher im Norden führt zum St. Mary Peak, mit 1171 Höhenmetern die höchste Kuppe in den Flinders Ranges. Wer entgegen dem Uhrzeigersinn wandert, überwindet den steilen Anstieg hinauf zum Tanderra Saddle auf den ersten sieben Kilometern, anschließend geht es mit Blick über den Kessel gemächlich zurück hinab ins Tal.

Für die Ureinwohner seit Zigtausenden von Jahren ein heiliger Ort

Die gewellten Felswände, die auf der Wanderung als Kulisse dienen, entstanden übrigens im Präkambrium und haben bis zu 580 Millionen Jahre auf ihren idyllisch überwachsenen Buckeln. Zwischen den alten Steinwänden soll sich damals ein Meer mit einem beachtlichen Riff befunden haben, und wer genau hinsieht, findet dessen Hinterlassenschaften bis heute in den ockerfarbenen Felsen: Mit einem Schuss Wasser übergossen kommen versteinerte Austern zum Vorschein und dazu Trilobiten, eine längst ausgestorbene Krabbenart.

Wellensittiche gehören zu den Begleitern entlang des Pfades ...

Im Nationalpark darf auch übernachtet werden. Neben einigen von der Nationalparkbehörde verwalteten Zeltplätzen bietet das Wilpena Pound Resort Zelt- und Camperstellplätze sowie gemütliche Cabins. Das Resort wird von Ureinwohnern geleitet, die zum allabendlichen Lagerfeuer einen Einblick in ihre Kultur bieten. Im Restaurant werden gute und verhältnismäßig günstige Pubmeals serviert.

... und natürlich Emus.

INFO

Lage: Wilpena Pound liegt 460 Kilometer nördlich von Adelaide, 700 Kilometer südlich von Cooper Pedy oder 1386 Kilometer südlich von Alice Springs, GPS: -31.526456, 138.606148

Übernachten:

- Im Wilpena Pound Resort hat man die Wahl zwischen schattigen Zeltplätzen, bequemen Zimmern mit Bad und luxuriösen Glampingzelten mit Blick auf die Berge; *wilpenapound.com.au*
- Zudem gibt es im Nationalpark einige kleine Campingplätze; *parks.sa.gov.au/find-a-park/Browse_by_region/flinders-ranges-outback/ikara-flinders-ranges-national-park*

Information: Informationen und Karten erhält man im Wilpena Pound Resort.

Website: *walkingsa.org.au/walk/find-a-place-to-walk/st-mary-peak-hike-wilpena-pound*

Hinweis: Nicht selten klettert das Thermometer in den Flinders Ranges auf 40 Grad Celsius. Wanderer sollten daher unbedingt im Voraus die Wettervorhersage prüfen und ausreichend Wasser und Sonnenschutz mitnehmen.

15. Sacred Canyon und Brachina Gorge: zwischen Felsgravuren und einem versteinerten Riff

Der Sacred Canyon im Ikara-Flinders Ranges National Park ist bekannt für seine zahlreichen, gut erhaltenen Felsgravuren, die vor vielen Tausend Jahren in den roten Stein geschliffen wurden. Man erreicht sie auf einem kurzen Spaziergang durch die Schlucht, deren rote Felswände noch viel, viel ältere Schätze in sich verbergen.

Früher Versammlungsort der Ureinwohner, heute Besucherziel: der Sacred Canyon

Sicher ist sich niemand, aber manche Archäologen schätzen, dass die Felsgravuren im Sacred Canyon bis zu 40.000 Jahre alt sein könnten. Für die Nachkommen des Adnyamathanha-Clans ist die Zahl ohnehin unerheblich: Die einfachen geometrischen Motive sowie eingravierten Fußabdrücke der typischen Tiere wie Kängurus und Emus sind für sie klare Mitteilungen ihrer Urahnen, die sie so leicht zu lesen wissen, als seien es digitale Emoji-Nachrichten guter Freunde. Hier zwischen den schützenden Steilwänden – mitten im Funkloch – trafen ihre Vorfahren einst zusammen, um Geschichten auszutauschen, gemeinsam zu speisen, zu tanzen und zu feiern. Eine tief verankerte Kultur scheint zuverlässiger als 5G.

Jahrtausende alte Kunst schmückt die Wände des Canyons.

Die Felsgravuren liegen nur 200 Meter vom Parkplatz entfernt und sind damit weitaus zugänglicher als die meisten solcher Schätze der Menschheitsgeschichte. Einige präsentieren sich offensichtlich entlang der dunklen Felswände, für andere muss man etwas genauer hinschauen. Eine kleine, dunkle Höhle lässt verschwommene Gravuren erkennen, die darauf hindeuten, dass die Adnyamathanha hier schon vor etlichen Generationen einen Schutzort fanden. Das Berühren der Gravuren ist überall streng verboten, Fotografieren ist aber erlaubt.

Schotterpfade führen durch die Brachina Gorge

Ein schmaler Felsspalt am Ende des Hauptpfads führt hinaus in ein ausgetrocknetes Flussbett. In dessen Geröll verstecken sich noch mehr Zeugnisse aus einer Zeit lange bevor knuddelige Beuteltiere und fotografierende Touristen hier durch die Landschaft streiften: Steinscheiben mit der gleichen Riffelung, die das sich zurückziehende Wasser bei Ebbe im Sand hinterlässt. Vor mehr als 500 Millionen Jahren soll sich hier ein Meer befunden haben.

Wer noch mehr Urgeschichte schnuppern möchte, nimmt die unbefestigte Piste zur etwa 52 Kilometer weiter nördlich gelegenen Brachina Gorge. In deren fotogenem Gestein wurden sogar Stromatolithen gefunden, jene ältesten Lebensorganismen, die auf unserer Erde bekannt sind. Den 20 Kilometer langen Brachina Gorge Geological Trail startet man am besten früh am Morgen und möglichst nur an Tagen, an denen das Thermometer nicht allzu weit über die 30-Grad-Grenze hinausklettert.

Wo die Natur ihre künstlerische Begabung zeigt

INFO

Lage: Der Sacred Canyon liegt 470 Kilometer nördlich von Adelaide und knapp 20 Kilometer südlich des Wilpena Pound Resort im Ikara-Flinders Ranges National Park, GPS: -31.500027, 138.660922.
Die Brachina Gorge liegt 54 Kilometer nördlich des Sacred Canyon, GPS: -31.329954, 138.670341

Übernachten:

- Im Wilpena Pound Resort hat man die Wahl zwischen schattigen Zeltplätzen, bequemen Zimmern mit Bad und luxuriösen Glampingzelten mit Blick auf die Berge; *wilpenapound.com.au*
- Zudem gibt es im Nationalpark einige kleine Campingplätze; *parks.sa.gov.au/find-a-park/Browse_by_region/flinders-ranges-outback/ikara-flinders-ranges-national-park*

Information: Informationen und Karten erhält man im Wilpena Pound Resort.

Websites:

- *walkingsa.org.au/walk/find-a-place-to-walk/sacred-canyon-walk*
- *southaustralia.com/products/flinders-ranges/attraction/brachina-gorge-geological-trail*

Hinweis: Wanderer sollten die Wettervorhersage prüfen, denn nicht selten misst man im Nationalpark Temperaturen von 40 Grad Celsius und mehr. Unbedingt ausreichend Wasser und Sonnenschutz mitnehmen!

Limestone Coast und Kangaroo Island

Hier teilt man sich die Straße nicht nur mit anderen Autofahrern.

Limestone Coast und Kangaroo Island

16. Mount Gambier: Naturspektakel und eine Übernachtung im Gefängnis
17. Robe und Beachport
18. Seal Bay und die Südküste von Kangaroo Island
19. Cape Willoughby und die Ostküste von Kangaroo Island
20. Coorong National Park: zwischen Seehunden und Pelikanen
21. Naracoorte Caves: Reise durch die Naturgeschichte Australiens

Port
Broughton
Spalding
Danggali
Cleve
Cowell
Burra
Wallaroo
Clare
Kadina
Auburn
Spencer
Gulf
Port
Wakefield
Balaklava
Waikerie
Renmark
Barmera
Port
Victoria
Maitland
Gawler
Nuriootpa
Loxton
Minlaton
Gulf St
Vincent
Adelaide
Yorketown
Karoonda
Mount
Barker
Lameroo
Normanville
Kingscote
19
Victor
Harbor
Meningie
20
Kangaroo
Island
18
18
Keith
Bordertown
21
Naracoorte
17
Robe
Große
Australische
Bucht
Penola
Millicent
16
Mount
Gambier

16. Mount Gambier: Naturspektakel und eine Übernachtung im Gefängnis

Der kleine Ort Mount Gambier lockt mit gleich mehreren Highlights: vom Blue Lake mit wechselnden Farben über einen versunkenen Garten, in dem Besuchern abends die Opossums das Obst aus der Hand fressen, bis hin zu einer Übernachtung im Gefängnis.

Der Blue Lake ist einer von vier Kraterseen in der Gegend, allerdings sind heute nur noch zwei mit Wasser gefüllt. Er macht seinem Namen alle Ehre, wenn auch nur zu bestimmten Zeiten. Das leuchtende Kobaltblau, das der See in den Sommermonaten

In den Sommermonaten ist das Blau des Blue Lake spektakulär.

von Dezember bis März trägt, erscheint fast unwirklich. Von April bis November verwandelt er sich dann in einen graue Wasserfläche. Wissenschaftler sind sich noch immer nicht ganz darüber im Klaren, wie genau dieser beeindruckende Farbwechsel zustande kommt. Es scheint aber mit den Algen im Wasser zu tun zu haben, die je nach Wassertemperatur das Licht unterschiedlich reflektieren. Um den See von allen Seiten zu sehen, kann man entweder den Scenic Drive genießen oder auf dem angelegten Fußweg rund um den See laufen, etwa fünf Kilometer. Direkt ans Wasser gelangt man nur auf geführten Touren, zum Beispiel mit Aquifer Tours, die zum alten Pumpenhaus und durch einen Tunnel auf eine Aussichtsplattform dicht am See führen.

Umpherston Sinkhole

Ein weiteres Highlight der 25.000-Einwohner-Stadt ist das Umpherston Sinkhole, auch als versunkener Garten bekannt. Ursprünglich war dieser Ort eine Höhle, deren Dach kollabierte. 1886 von James Umpherston als Garten angelegt, gleicht das Sinkhole heute eher einer verzauberten Märchenwelt. Bereits von oben ergibt sich ein wunderschönes Bild, wenn man auf die grüne Oase unter sich schaut. Über Treppen gelangt man in den subterranen Garten und fühlt sich sogleich der Welt ein Stück entrückt. Wer das Umpherston Sinkhole zur Abenddämmerung besucht, kommt in den Genuss des eigentlichen Highlights: Hier leben unzählige Opossums, die nach Sonnenuntergang aus ihren Höhlen spicken und sich auf die Suche nach einem Abendessen machen. Da sich die Besucherzahlen hier noch in Grenzen halten, ist es zurzeit noch erlaubt, die Tiere zu füttern. Am Treppenabgang finden sich einige Infos rund um die Tiere. Ganz wichtig: Bitte füttern Sie den Tieren ausschließlich Obst, kein Brot, andernfalls gefährden Sie die Gesundheit der niedlichen Nager. Bananen, Äpfel oder Orangen werden sich die Tiere gerne aus Ihrer Hand holen. Und bitte vermeiden Sie beim Fotografieren das Blitzlicht, denn es schadet den Augen der Tiere.

Nachdem die Dunkelheit hereingebrochen und das letzte Stück Obst verfüttert ist, kann sich der abenteuerlustige Tourist auf den Weg ins Gefängnis machen – zum Übernachten. The Old Mount Gambier Gaol wurde in ein Hotel der besonderen Art umgebaut. Ob man nun den Schlafsaal, eine Doppelzelle oder gleich das ganze Cottage (ehemals die Unterkunft der Gefängnisangestellten) bucht, hier ist eine besondere Schlaferfahrung sicher. Wie das Hotel schon selbst auf seiner Website bemerkt, ist es nicht jedermanns Sache, hier zu übernachten. Wer sich ein großes Zimmer mit Fernseher und Frühstücksbuffet vorstellt, der ist hier fehl am Platz. Aber alle, die sich gerne einmal auf ein Abenteuer einlassen, werden hier mit einem ganz besonderen Erlebnis belohnt.

Die Opossums dürfen hier mit Obst gefüttert werden.

INFO

Lage: Mount Gambier liegt etwa 440 Kilometer südlich von Adelaide, GPS: -37.8247, 140.78200

Aktivitäten: Spaziergänge, Opossums füttern, Picknick

- Blue Lake: immer zugänglich; John Watson Drive
- Tour zum Blue Lake mit Aquifer Tours: *aquifertours.com*
- Umpherston Sinkhole: Jubilee Highway East

Websites:

- *discovermountgambier.com.au*
- *mountgambierpoint.com.au*
- *aquifertours.com*
- *theoldmountgambiergaol.com.au*

17. Robe und Beachport

Wer sich von Adelaide über den Princess Highway auf den Weg gen Süden macht, für den wird die Wahl des tollsten Strandes sehr bald zum Luxusproblem. Die Limestone Coast beginnt nur wenige Autostunden von der südaustralischen Hauptstadt entfernt und bietet spektakulär schöne Natur gepaart mit historischen Städten. Ein Roadtrip ins Paradies und in die Geschichte Australiens.

Oft sind die Traumstrände hier im Süden menschenleer.

Die Küstenstreifen dieser Gegend zählen zu den bezauberndsten des Landes. Endlose, oft menschenleere Strände aus feinstem Sand treffen auf kristallklares Wasser und erzeugen beim Besucher einen sofortigen Zustand entzückter Entspannung.

Natürlich sollte jeder seinen eigenen Strand-Favoriten wählen. Wer ein paar Vergleichspunkte haben möchte, könnte es mal hier versuchen: Salmon Hole (Beachport) – ein perfekter Strand für die ganze Familie. Neben geschütztem flachem Wasser für die Kleinen kommen die Großen beim Schnorcheln oder Sandboarding auf den Dünen auf ihre Kosten. Little Dip Conservation Park (südlich von Robe) – der wunderschöne und einsame Park kann teilweise nur mit Allradantrieb entdeckt werden. Aber auch im normalen Pkw und zu Fuß erreicht man abgelegene Traumstrände.

Mit seinen gerade mal gut 1000 Einwohnern ist Robe eine der ältesten Städte in South Australia. 1847 als Hafen gegründet, wurde sie zeitweise zur wichtigsten Hafenstadt (Fischereihafen) neben Adelaide. Viele historische Gebäude erinnern noch heute an die lange Geschichte der Stadt. Eine besondere Signifikanz erfuhr die Siedlung während des Gold Rush in den 1850er- und 1860er-Jahren. Nachdem der Bundesstaat Victoria mit mehreren Maßnahmen dafür gesorgt hatte, die Anzahl chinesischer Neuankömmlinge zu limitieren, verlagerte sich die Flut der Goldsuchenden nach Südaustralien. Innerhalb weniger Jahre kamen über 16.000 Chinesen am kleinen südaustralischen Hafen Robe an, um von hier aus einen 300 Kilometer langen Fußmarsch in die Goldfelder Victorias zu starten. Nur schwer vorstellbar, wie das Leben der damals gerade

Eine Wanderung zum Robe Obelisk führt entlang spektakulärer Küste.

mal 200 Einwohner dadurch verändert wurde. Bis heute erinnert das Chinese Memorial am Royal Circus an diese Zeit.

Eine weitere Sehenswürdigkeit in Robe ist der Cape Dombey Obelisk. Er wurde 1852 als Navigationshilfe für alle Seefahrer gebaut, die ihre Schiffe sicher in die Guichen Bay steuern wollten. Das schöne Bauwerk ist ein Wahrzeichen der Region, wird über kurz oder lang aber wahrscheinlich ins Meer stürzen. Die Kalksteinküste, auf der er steht, hält den Kräften der Natur nicht dauerhaft stand und wurde in den letzten Jahrzehnten bereits deutlich von Wind und Wellen abgetragen. Direkt bis zum Obelisk kommt man daher seit einigen Jahren nicht mehr – er ist zur Sicherheit abgesperrt. Jedoch führt eine schöne kleine Wanderung an der Küste entlang bis kurz vor das zwölf Meter hohe rot-weiße Bauwerk. Über den Obelisk Coastal Trail kann man so den Charme der Küste auf sich wirken lassen.

Knapp 50 Kilometer südlich von Robe liegt das 650-Seelen-Dorf Beachport, berühmt für seinen pittoresken Beachport Jetty (Holzlandungssteg) – mit 772 Metern einer der längsten Jettys in South Australia, seine idyllischen Strände und mächtigen Sanddünen. Der Ort wurde in den 1830er-Jahren zunächst als Walfangstation gegründet, später verlagerte sich das Haupteinkommen auf den Export von Wolle. Zu trauriger Bekanntheit brachte es der Ort während des Zweiten Weltkrieges, als es im Juli 1941 während einer kontrollierten Sprengung feindlicher Seeminen zu den ersten beiden Kriegsopfern auf australischem Boden kam. Wer mehr über die Geschichte der Kleinstadt erfahren möchte, kann das im sehr schönen Beachport Old Wool and Grain Store Museum tun.

Zu einem Besuch in Beachport gehört unbedingt, sich Zeit für den spektakulären Bowman Scenic Drive zu nehmen, der den Reisenden auf wenigen Kilometern an einigen der schönsten Landschaften der wildromantischen Küste entlangführt. Startpunkt ist am Cape Martin Lighthouse. Die Route führt immer wieder an atemberaubenden Aussichtspunkten vorbei. Möglichkeiten zum Parken gibt es überall. So lohnt es sich vor allem, die wunderschönen Strände und Dünen zu Fuß genauer zu entdecken.

Auf dem Weg zu Victorias Goldfeldern gingen in Robe tausende Chinesen an Land.

INFO

Lage: An der Limestone Coast; Robe liegt ca. 330 Kliometer, Beachport etwa 380 Kilometer südlich von Adelaide.

Aktivitäten: Schwimmen, Schnorcheln, Sandboarding, Wandern, Fischen

- Beachport Old Wool and Grain Store Museum: Railway Terrace, Beachport, *nationaltrust.org.au/places/beachport-old-wool-grain-store-museum*

Übernachten:

- Robe Holiday Park: Campingplätze mit und ohne Strom, Cabins; Corner Main Road und Nora Creina Road, Robe, Tel. +61 488 727 269, *robeholidaypark.com.au*
- Beachport Caravan Park: Campingplätze mit und ohne Strom, Cabins, Appartments; Beach Road, Beachport, Tel. +61 8 8735 8128, *beachportcaravanpark.com.au*

Websites:

- *de.southaustralia.com/sehenswurdigkeiten/limestone-coast*
- *heritagebuildingsofsouthaustralia.com.au/robe.htm* (historische Gebäude in Robe)

18. Seal Bay und die Südküste von Kangaroo Island

Auf der Karte ist Kangaroo Island nichts als ein Klecks in der Great Australian Bight, eine Fingerbreite von Adelaide entfernt. Und doch wartet auf Australiens drittgrößter Insel eine Welt, die so anders ist, dass das Eiland gelegentlich als weltgrößter Zoo oder gar als siebter Kontinent bezeichnet wird.

Die Küste auf Kangaroo Island ist wildschön.

Papageien, Wombats, Koalas, Warane und natürlich Kängurus sind übliche Weggefährten auf den unzähligen Wanderwegen. Eines der Highlights, das man sich nicht entgehen lassen darf, ist die windgepeitschte Seal Bay im Süden der Insel. Ein Boardwalk führt über die Sanddünen bis vor zum Strand. Von den großen hölzernen Aussichtsplattformen blickt man auf ein tierisches Wimmelbild: Hier schlummern die Seelöwen träge im Sand, Seehundbabys jauchzen nach ihren Müttern, dicke Bullen fechten Machtkämpfe aus, Jungtiere kullern spielerisch die Dünen hinab. Unterhaltsam und informativ sind die von Rangern geführten Touren, auf denen Besucher exklusiven Zutritt zum Strand erhalten.

Seelöwen haben hier keine natürliche Scheu vor dem Menschen.

Große Teile des Flinders Chase National Park, der den gesamten Westen von Kangaroo Island einnimmt, fielen im Januar 2020 verheerenden Buschbränden zum Opfer. Zahlreiche Tierschützer, Freiwillige, ja sogar das australische Militär, reisten zur Rettung der einheimischen Tierwelt auf die Insel und pflegten mit unerschöpf-

Aussichtsplatform auf Seelöwen

Fußweg zu den Remarkable Rocks

licher Energie Koalas, Kängurus und andere tierische Inselbewohner, deren Heimat von den Flammen unbewohnbar gemacht worden war.

Der Zugang zu den beeindruckenden Remarkable Rocks – von Wind von Wellen ausgewaschene Felsformationen im Süden des Nationalparks – steht Besuchern nach den Bränden von 2020 heute wieder offen. Nicht minder bemerkenswert ist die bogenartige Felsauskerbung Admirals Arch, vor der Seelöwen in der Brandung spielen. Wer gerne zu Fuß unterwegs ist, parkt den Mietwagen am besten am Cape du Couedic Lighthouse und spaziert den gleichnamigen Pfad entlang die Steilküste hinunter bis zum Boardwalk. Unterwegs bieten sich unvergessliche Aussichten auf Küste und Meer.

Bizarre Felsformationen

INFO

Lage: Die Seal Bay liegt im Süden von Kangaroo Island und ist von der Fähranlegestelle in Penneshaw in etwa einer Stunde zu erreichen, GPS: -35.947, 137.319. Die South Coast Road führt von hier aus weiter zu den 76 Kilometer entfernten Remarkable Rocks, GPS: -36.056, 136.773

Übernachten:

- Western KI Caravan Park: Hier campt man zwischen Kängurus, während in den Bäumen Koalas schlummern.

Informationen: Am Eingang zur Seal Bay befindet sich ein Informationszentrum, das auch schöne Souvenirs verkauft. Ein weiteres Informationszentrum, in dem man u. a. die Nationalparkgebühr entrichtet, liegt am Eingang zum Flinders Chase National Park, nahe der Abzweigung zu den Remarkable Rocks.

Website: *sealbay.sa.gov.au*

19. CAPE WILLOUGHBY UND DIE OSTKÜSTE VON KANGAROO ISLAND

Ein Licht am Ende der Welt! Der Leuchtturm von Cape Willoughby war der erste in South Australia – ein lebensrettendes Leuchten am Ziel einer monatelangen, ungewissen Schiffsreise ohne Rückfahrticket. Vor dem Leuchtturm bietet sich heute ein herausragender Blick auf die raue Küste. Und im Leuchtturm zeigt eine kleine Ausstellung die nicht minder rauen Geschichte.

Der äußerste Osten von Kangaroo Island ist kaum besiedelt.

Über 70 Schiffswracks liegen rund um Kangaroo Island auf dem Meeresgrund, davon mindestens zehn hier an der Ostküste. Kein Wunder also, dass Kangaroo Island zu den imposantesten Tauchgründen Australiens zählt. Zwar sind es von hier aus nur 30 Kilometer bis zur Fähranlegestelle in Penneshaw, trotzdem könnte man kaum einen abgelegeneren – und doch so anziehenden – Ort finden: Die Wildblumen strahlen im Frühling in grellen Gelb- und Lilatönen, bemooste Felsen zieren den Strand und der Wind lässt weiße Schaumbläschen auf dem Wasser spielen.

Der erste Leuchtturm Südaustraliens führt Schiffe durch die elf Kilometer enge Passage zwischen Kangaroo Island und dem Festland.

Mitte des 19. Jahrhunderts setzten die heimtückischen Gewässer der Great Australian Bight der expandierenden Kolonie fatale Grenzen. Ab 1852 erstrahlte das Flutlicht des ersten Leuchtturms von South Australia. Heute dürfen Besucher in den ehemaligen Gemächern des Leuchtturmwärters übernachten.

Vom Leuchtturm aus führt ein knapp zwei Kilometer langer Rundweg zur ursprünglichen Siedlung, in der die ersten Leuchtturmwärter und ihre Familien einst in vollkommener Isolation lebten.

Am Cape Willoughby

INFO

Lage: Der Leuchtturm von Cape Willoughby liegt knapp 30 Kilometer südöstlich von der Fähranlegestelle in Penneshaw. Anreise nach Penneshaw mit der Fähre von Sealink ab Cape Jervis, *sealink.com.aus*

Aktivitäten:

- Besuch des Leuchtturms, Touren auf den Turm
- Geschichtstouren geben tiefe Einblicke in die Geschichte der Insel und in die Besiedlung South Australias

Übernachten:

- Am Cape Willoughby dürfen Besucher in der ehemaligen Unterkunft des Leuchtturmwärters übernachten. Preise und Buchung auf Anfrage bei *KIParksAccom@sa.gov.au*

Website: *parks.sa.gov.au/find-a-park/Browse_by_region/kangaroo-island/cape-willoughby-conservation-park#about*

20. COORONG NATIONAL PARK: ZWISCHEN SEEHUNDEN UND PELIKANEN

„Kurangk" – das bedeutet langer, dünner Hals – nennen die Ureinwohner vom Stamm der Ngarrindjeri diese prachtvolle Lagunenlandschaft. Über 140 Kilometer erstreckt sich der feinsandige „Nacken" die Küste entlang. Für Naturfreunde ist der Nationalpark ein einmaliges Revier zur Tierbeobachtung, immerhin ist er das Zuhause von über 200 Vogelarten.

Die Lagune Coorong ist von Dünen eingeschlossen.

Kein Wunder also, dass der ruhige Küstenstreifen schon mehrfach zur Filmkulisse wurde, zuletzt 2019 im Familiendrama „Storm Boy", das von der besonderen Freundschaft eines kleinen Jungen mit drei elternlosen Pelikanen erzählt.

Die Lagune wird von einem ein bis drei Kilometer breiten Landstreifen, der Younghusband Peninsula, vom Südlichen Ozean getrennt. Neben Seehunden leben hier Riesenpelikane, Schwäne, Ibisse, Kormorane, Lappentaucher und Seeschwalben. Wer sie vor

das Fernglas bekommen will, trägt am besten Kleidung, die sich nicht zu sehr von den Farben der Umgebung abhebt. Und dann heißt es natürlich Geduld, viel Geduld.

Eine aktivere Alternative, den Nationalpark – und auch seine tierischen Bewohner – genauer kennenzulernen, erhält man im Paddelboot. Wer über die entsprechende Ausrüstung verfügt, kann sich hier getrost allein durch das ruhige Wasser treiben lassen. Für alle anderen ist eine geführte Tour sehr zu empfehlen: Während der sechsstündigen Paddeltour ab Goolwa dringt man bis zu den Sanddünen vor, dazwischen unternimmt man kleine Spaziergänge.

Die natürliche Schönheit des Coorong National Park genießen wir Menschen übrigens schon seit Tausenden von Jahren: Die Ureinwohner lebten hier wie in einer reich gefüllten Speisekammer. Zahlreiche Muschelhaufen sowie Überreste von Feuerstellen, ja sogar alte Grabstätten, zeugen von der frühen Besiedlung des Coorong.

Im Camp Coorong, elf Kilometer südlich von Meningie, führen Ureinwohner vor, wie ihre Vorfahren hier einst lebten und feierten.

Im Coorong National Park tummeln sich die Pelikane.

Am besten informiert man sich kurz vor dem Besuch über die aktuellen Öffnungszeiten.

Entlang des Princes Highway bieten sich einige Aussichtspunkte über den Nationalpark. Von der unbefestigten Loop Road, die in Salt Creek vom Princes Highway abzweigt, führen schöne kurze Spazierwege vor zur Lagune.

Entlang der Lagune lässt sich immer etwas entdecken.

INFO

Lage: Der Coorong National Park erstreckt sich über 140 Kilometer entlang des Küstenstreifens zwischen Kingston SE und Lake Alexandrina (vor Goolwa).

Aktivitäten:

- Kajaktour ab Goolwa mit Canoe the Coorong: Picknicklunch ist im Preis inbegriffen; *canoethecoorong.com*

Übernachten: Im Nationalpark gibt es einige schön gelegene Zeltplätze, darunter am 28 Mile Crossing und 32 Mile Crossing. Nur der Zeltplatz am 42 Mile Crossing ist auch mit dem Pkw ohne Allradantrieb zu erreichen. Die Gebühr ist direkt vor Ort in bar zu bezahlen.

Informationen: In Meningie gibt es ein kleines Informationszentrum; 49 Princes Highway

Website: *parks.sa.gov.au/find-a-park/Browse_by_region/Limestone_Coast/coorong-national-park#about*

21. Naracoorte Caves: Reise durch die Naturgeschichte Australiens

Die Höhlen von Naracoorte sind wie ein irdisches Schwarzes Loch, hinter dessen Ereignishorizont eine so dichte Menge vorzeitlicher Relikte verborgen liegt, dass die UNESCO das Gebiet zum Weltnaturerbe erklärt hat. Allein in der Victoria Fossil Cave wurden Überreste von 93 Spezies längst ausgestorbener, versteinerter Tiere gefunden. Eine Schatzgrube, die weltweit ihresgleichen sucht!

Die Höhlen im Süden Australiens haben sich über die Millionen von Jahren so dicht unter der Erdoberfläche in den Kalkstein gegraben, dass sich immer wieder Löcher bildeten, die unvorsichtigen Tieren auf ihrem Spaziergang zur Gefahr wurden. Wer einmal hinabgefallen war, für den gab es kein zurück – so wurden die Höhlen zum stark frequentierten Grab verschiedenster Erdbewohner.

Die große Anzahl an fossilen Funden brachte der Region den Status eines National Park und UNESCO-Welterbe.

Zahlreiche ausgestorbene Arten werden hier wieder zum Leben erweckt.

Dieses erbarmungslose Schicksal präsentiert sich uns heute als archäologische Schatztruhe: Nirgendwo sonst auf der Welt findet man eine vollständigere Sammlung versteinerter Wirbeltiere. Während an der Oberfläche Warmzeiten in Eiszeiten übergingen, lagerten sich hier Schicht um Schicht die Bewohner einer jeden Ära ab. Die ältesten Knochenreste stammen von Lebewesen, die vor über 300.000 Jahren nichtsahnend über das Land zogen. Irgendwann vor rund 15.000 Jahren war die Gruft schließlich voll, die Löcher schlossen sich und wurden erst in den 1960er-Jahren entdeckt.

Dreißig Jahre lang buddelten sich fassungslose Forscher durch die drei bis vier Meter tiefen Schichten und brachten die Hinterlassenschaften von zigtausend Tierarten ans Tageslicht, darunter Vertreter der australischen Megafauna, jene überdimensionierten Wombats, Tiger, Kängurus und viele weitere uraustralische Geschöpfe, die einst den Roten Kontinent belebten.

Stick-Tomato Cave

In der Höhle

Kurz gesagt: Wer sich für Naturgeschichte interessiert, darf dieses wertvolle Geschenk der australischen Vergangenheit hundert Kilometer nördlich von Mount Gambier auf keinen Fall auslassen. Und wer sich nicht für Naturgeschichte interessiert, der wird es nach dem Besuch tun!

Die Stick-Tomato Cave darf auf eigene Faust besichtigt werden. Der Besuch des Wonambi Fossil Centre, in dem das Land von vor 200.000 Jahren nachgebildet wurde und man Bekanntschaft mit einigen Tierarten der Megafauna machen kann, ist sehr zu empfehlen. Weitere Details erfährt man auf einer geführten Tour, zum Beispiel durch die Alexandra Cave oder durch die gut bestückte Victoria Fossil Cave. Tiefe Einblicke gewährt die World Heritage Tour, auf der man sein eigenes Geschick im Fossilien ausgraben prüfen und das Labor besichtigen darf.

INFO

Lage: Die 26 Tropfsteinhöhlen liegen aneinandergereiht unter dem Höhenzug des Naracoorte National Park, zwölf Kilometer südöstlich von Naracoorte, GPS: -36.956, 140.742

Aktivitäten:

- Stick-Tomato Cave und das Wonambi Fossil Centre
- Alexandra Cave
- Victoria Fossil Cave
- World Heritage Tour: nur auf Buchung, zwei bis vier Teilnehmer

Übernachten:

- Country Roads Motor Inn: saubere Motelzimmer; 20 Smith Street, Naracoorte, Tel. +64 8 8762 3900, *countryroadsnaracoorte.com.au*

Website: *naracoortecaves.sa.gov.au*

Darwin und Umgebung

Baden im Litchfield National Park

Darwin und Umgebung

22. Jumping Crocodile Cruise auf dem Adelaide River: Sprungschau der Krokodile
23. Litchfield National Park: krokofreies Baden im Naturpool
24. Mindil Beach: perfekter Sonnenuntergang hinter den Night Markets

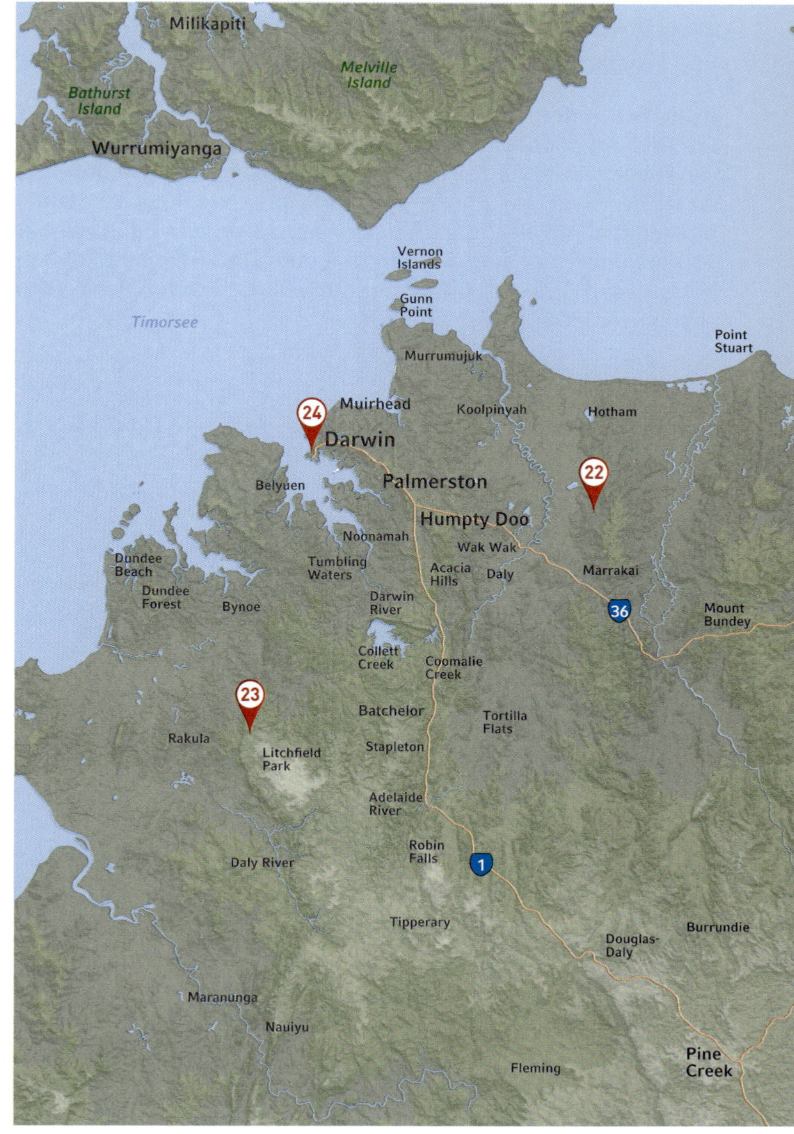
Milikapiti
Melville Island
Bathurst Island
Wurrumiyanga
Timorsee
Vernon Islands
Gunn Point
Murrumujuk
Point Stuart
24
Muirhead
Koolpinyah
Hotham
Darwin
22
Belyuen
Palmerston
Humpty Doo
Noonamah
Wak Wak
Dundee Beach
Tumbling Waters
Acacia Hills
Daly
Marrakai
Dundee Forest
Bynoe
Darwin River
36
Mount Bundey
Collett Creek
Coomalie Creek
23
Batchelor
Tortilla Flats
Rakula
Litchfield Park
Stapleton
Adelaide River
Robin Falls
1
Daly River
Tipperary
Burrundie
Douglas-Daly
Maranunga
Nauiyu
Pine Creek
Fleming

22. Jumping Crocodile Cruise auf dem Adelaide River: Sprungschau der Krokodile

Irgendwo in den Weiten des Northern Territory, südöstlich des Litchfield National Park, entspringt ein zunächst unscheinbarer Fluss. Der erste Europäer, der ihn erreichte, benannte ihn Adelaide River, zu Ehren der englischen Königen Adelaide, in Deutschland als Adelheid geboren. Auch seine gerade mal 180 Kilometer Länge machen den Adelaide River zu keinem besonderen Gewässer. Und dennoch, auf diesem Fluss lassen sich einzigartige Dinge erleben …

Im Northern Territory leben so viele Menschen wie Krokodile.

Der Adelaide River ist auf etwa 130 Kilometern schiffbar, seine Ufer sind auf der gesamten Länge bewohnt. Er schafft Lebensraum für unzählige Tier- und Vogelarten. Etwa 65 Kilometer östlich von Darwin fließt der Adelaide River durch den Djukbinj National Park. Hier haben Besucher die Möglichkeit, dem größten Bewohner des Flusses näher zu kommen: dem australischen Salzwasserkrokodil.

Die Beißkraft eines Krokodils erreicht bis zu 1,8 Tonnen.

Auch wenn sie sicher nicht so knuffig sind wie Koalas oder Kängurus, Krokodile gehören untrennbar zu Australien. Dabei muss man hier zwischen zwei Arten von Krokodilen unterscheiden: die Australien-Krokodile, auch Süßwasserkrokodil genannt, werden von den Australiern als „Freshies" bezeichnet. Sie leben in Süßwassergebieten im tropischen Norden Australiens und werden bis maximal drei Meter lang. Wenn sie sich provoziert fühlen, können sie Menschen zwar durchaus Verletzungen zufügen, eine echte Lebensgefahr stellen sie aber nicht dar. Ihnen gegenüber stehen die Leistenkrokodile, auch als Salzwasserkrokodil bekannt. Für die Australier sind das die „Salties" – und vor diesen sollte man unbedingt Respekt haben. Sie sind die größten noch lebenden Krokodile der Welt. Männliche Exemplare werden bis zu sechs Meter lang, vereinzelt wurden sogar schon deutlich größere Tiere gesichtet. Sie können sowohl im Süß- als auch im Salzwasser leben. Ihr bevorzugter Lebensraum sind Brackwasserzonen wie Flussmündungen im tropischen Norden der Bundesstaaten Western Australia, Queensland und dem Northern Territory.

Verschiedene Bootstouren im Djukbinj National Park begeben sich auf Tuchfühlung mit diesen „Salties". Für die meisten Touristen an Bord ist es die erste Begegnung mit den Panzerechsen in freier Wildbahn. Es hat schon etwas Unheimliches, wie sie lauernd im Wasser liegen – wenn sie überhaupt zu sehen sind. Die meiste Zeit ist man sich nur beklemmend bewusst, dass rund um das Boot, das man freiwillig bestiegen hat, mehrere dieser Urzeitreptilien lauern. Von den Tourguides erfährt man viele interessante Details zum

Krokodile leben hier seit über 200 Millionen Jahren.

Leben der australischen Krokodile. Dann wird man Zeuge einer überaus überraschenden Erkenntnis: Die Tiere können aus dem Fluss in die Höhe springen! Angelockt von toten Hühnchen, die die Tourguides über den Bootsrand hängen, schrauben sich die mehrere Hundert Kilo schweren Jäger in die Luft. Dieses Verhalten geht darauf zurück, dass Krokodile tatsächlich auch Vögel auf ihrem Speiseplan stehen haben. Um diese zu jagen, müssen sie auch ab und zu den Sprung aus dem Wasser wagen. Ein beeindruckendes Spektakel!

Nach diesem einmaligen Erlebnis bleiben zwei Dinge hängen: Eine gehörige Portion Respekt und Faszination für die riesigen Flussbewohner und völliges Unverständnis für die angeblich immer wieder gestellte Frage von Touristen, ob man denn mit den Krokos schwimmen könne: NEIN!

INFO

Lage: Die verschiedenen Touren starten alle im Djukbinj National Park.

Aktivitäten: Tierbeobachtung, Bootstour, Tour zu den springenden Krokodilen, zum Beispiel mit

- Spectacular Jumping Crocodile Cruise: alle Tourguides sind zertifizierte Wildlife Guides; *jumpingcrocodile.com.au*
- The Original Adelaide River Queen & Pathfinder Cruises: bereits 1985 gegründet und damit der älteste Anbieter; *jumpingcrocodilecruises.com.au*

Übernachten:

- Beatrice Hill Rest Area: Wer mit einem Camper Van unterwegs ist, kann bequem die Rest Area nutzen, die nur einen Kilometer vom Windows on the Wetlands entfernt direkt am Arnhem Highway liegt. Außer Tischen gibt hier keinerlei Ausstattung, dafür ist die Nutzung kostenlos.
- Oasis Tourist Park: 20 Morgan Road, Virginia, Tel. +61 499 773 815, *oasistouristpark.com.au*
- Das nahe gelegene Städtchen Humpty Doo bietet zudem zahlreiche weitere Unterkunftsmöglichkeiten.

23. Litchfield National Park: krokofreies Baden im Naturpool

Selbst wenn das Thermometer über 30 Grad Celsius hinausklettert und die Luft so feucht wie im Dampfbad wirkt: Der Sprung ins Wasser ist in Australiens Top End ein indiskutables No-Go! Wirklich überall? Der Litchfield National Park macht die Ausnahme: Statt hungriger Salzwasserkrokodile schlummern hier Besucher aus aller Welt im Sand vor den riesigen, bildhübschen Wasserlöchern.

Der Nationalpark mit seinen von Regenwald umgebenen, krokofreien Naturpools ist vor allem im Sommer ein großer Besuchermagnet. Die Nähe zu Darwin macht ihn zu einem idealen Ziel für Tagesausflügler, viele davon reisen im Kleinbus einer der vielen Touranbietern an. Wer mit Camper oder Zeltausrüstung reist, darf den Park auch zu seinen schönsten Stunden erleben: bei einem Bad unter den Wasserfällen zu Sonnenanbruch oder bei Nacht unter dem gewaltigen, kopfstehenden Firmament der Südhalbkugel.

In einem Termitenhügel leben mehrere Millionen Termiten.

Im Buley Rockhole kann man in den Felspools eine Pause einlegen.

Über den kleinen Ort Batchelor erreicht man zuerst die Magnetic Termite Mounds, die riesigen Hügel der Kompasstermiten. Wer genau hinsieht, lernt zu schätzen, welch gewiefte Architekten diese unscheinbaren Insekten doch sind: Die bis zu drei Meter hohen Termitenhügel sind alle perfekt in Nordsüdrichtung ausgerichtet. Die Bauweise sorgt für die optimale Klimatisierung im Hügel: So tanken die Bauten am frühen Morgen und späten Nachmittag – also nach und vor der kalten Nacht – die maximale Menge an Sonne, während sie zur heißen Mittagszeit nur wenig Wärme absorbieren.

Etwas weiter entlang der Litchfield State Road, der einzigen geteerten Straße im Park, liegt Buley Rockhole: zehn kleine Felsenpools, deren Kaskaden wie eine Treppe von einem Pool in den nächsten fließen. Die kleinen Pools sind ideal zum Baden und Entspannen im kühlen Wasser. Wer den Massen entkommen möchte

Baden ohne Krokodile

und gut zu Fuß ist, steigt hinunter zu den Florence Falls, die sich in eine von Regenwald umgebene Schlucht ergießen, in deren Becken man ebenfalls baden kann.

Die Wangi Falls etwas weiter westlich sind die größten und beliebtesten Wasserfälle im Park. Hier wurden sogar Treppen hinunter in den Naturpool installiert, was ihn auch für Familien und Nichtschwimmer attraktiv macht. In den Schulferien und an langen Wochenenden steht es dort mit der isolierten Regenwaldidylle allerdings nicht so gut – am besten reist man also außerhalb der Peak Season an. Hier gibt es übrigens auch einen Kiosk, der kühle Getränke und Snacks serviert. Der Campingplatz bietet Grillstellen. Auf dem etwa 45-minütigen Rundweg hoch aufs Plateau erhascht man einen Blick auf die Wasserfälle von oben.

Übrigens gilt im gesamten Nationalpark die Devise: „Take nothing but photos, leave nothing but footprints". Es gibt keine Mülleimer, sämtliche Abfälle müssen also auch wieder aus dem Park herausgebracht werden.

INFO

Lage: Der Litchfield National Park liegt 140 Kilometer südlich von Darwin. GPS Wangi Falls: -13.126, 130.685

Übernachten:

- Gut ausgestattete Campingplätze liegen bei den Wangi Falls, Florence Falls und am Buley Rockhole, zwischen Juni und September sind diese allerdings schnell belegt. Tipp: Gleich frühmorgens anreisen und erst anschließend zu den Sehenswürdigkeiten.
- Litchfield Tourist Park: freundliche Anlage, die neben Campingplätzen auch klimatisierte Cabins mit Bad und Küche bietet; 13 Kilometer westlich von Batchelor außerhalb des Nationalparks, Litchfield Park Road, *litchfieldtouristpark.com.au*

Website: *nt.gov.au/leisure/parks-reserves/find-a-park/find-a-park-to-visit/litchfield-national-park*

24. Mindil Beach: perfekter Sonnenuntergang hinter den Night Markets

Darwin, die Hauptstadt des Northern Territory mit ihren rund 140.000 Einwohnern, hat einen besonderen Charme. Die Distanz zur nächsten Stadt – Alice Springs liegt 1500 Kilometer entfernt – schafft ein Gefühl der Abgeschiedenheit. Trocken- und Regenzeit prägen das immer warme Klima und sorgen für tropisches Flair. Es gibt traumhafte Sandstrände, die jedoch großteils den Krokodilen vorbehalten sind. Diese Stadt ist einfach irgendwie anders. Und dann die Sonnenuntergänge …

Mit Darwin entdeckt der Besucher einen Ort, der irgendwo zwischen Wildem Westen, tropischem Paradies und moderner Metropole schwankt. In den letzten Jahrzehnten hat man versucht, etwas Glanz in das ehemals eher staubige Image der Stadt zu bringen und sie in großen Teilen einer Erneuerungskur unterzogen. Vor allem das Gebiet rund um die Darwin Waterfront wurde modernisiert und steht anderen modernen Großstädten in nichts nach.

Zu einem Besuch von Darwin gehört unbedingt ein Abstecher zum Mindil Beach. Der Ruf seiner spektakulären Sonnenuntergänge eilt dem Strand im Stadtteil The Gardens voraus. Der Himmel färbt sich hier regelmäßig in solch kräftigen, tiefen Rottönen, dass Bilder dieses Anblicks nicht selten um die Welt gehen. Während der Trockenzeit, in der die meisten Touristen den tropischen Norden besuchen, geht die Sonne gegen 18:30 Uhr unter. Wen es zur Abkühlung ins Wasser lockt, muss unbedingt bedenken: Hier leben Leistenkrokodile! Es werden immer wieder Tiere am Mindil Beach gesichtet. Also unbedingt auf Hinweisschilder achten und nur ins Wasser gehen, wenn der Strand von den Rettungsschwimmern frei gegeben ist! Ansonsten einfach entspannt zurücklehnen und das farbenfrohe Naturspektakel genießen.

In den trockenen Monaten zwischen Ende April und Ende Oktober kann man den idyllischen Tagesausklang zudem mit einem weiteren Highlight kombinieren: Am Mindil Beach finden in dieser Zeit zweimal wöchentlich die Night Markets statt. Ein geschäf-

Der Tag in Darwin klingt aus.

Sonnenuntergänge am Mindil Beach sind immer etwas Besonderes.

tiges Treiben breitet sich hier dann ab dem späten Nachmittag aus, wenn an über 200 Ständen die verschiedensten Produkte angepriesen werden. Neben kulinarischen Köstlichkeiten aus aller Welt finden sich Kleidung, Schmuck, indigene Kunst und Haushaltswaren. Unter den vielen individuellen Ständen findet sich beispielsweise die Auslage von Jim Yunken, der ein sehr einzigartiges Produkt anbietet: „Zebra Rock". Die Steine mit dem ungewöhnlichen Muster werden in der Kimberly Region gefunden und von Jim zu tollen Schmuck- und Sammlerstücken verarbeitet *(mindil.com.au/stall-directory/art-craft-and-services/zebra-rock/)*.

Auch Tanzdarbietungen und sonstige Aufführungen werden geboten, und so wird der Besuch des Mindil Beach durchaus zu einem abendfüllenden Programm.

INFO

Lage: Mindil Beach gehört zum Darwiner Stadtteil The Gardens und liegt nur wenige Kilometer vom Stadtzentrum entfernt, GPS: -12.44505, 130.8308

Übernachten:

- Darwin Rydges Central Hotel: bietet tollen Komfort zu fairen Preisen; zentral gelegen, 21 Knuckey Street, Tel. +61 8 8944 9000, *rydges.com/accommodation/darwin-nt/rydges-darwin-central/*

Websites:

- *mindil.com.au*
- *Darwin.com.au*

Kakadu und Arnhem Land

Blick vom Ubirr Rock über den Kakadu National Park

Kakadu und Arnhem Land

25. Mit einem Ureinwohner ins Arnhem Land

26. Corroboree Billabong:
Naturparadies in den Mary River Wetlands

27. Ubirr: uralte Ureinwohner-Kunst trifft auf monumentale Natur

28. Twin Falls: 150 Meter spektakulärer freier Fall

29. Ureinwohner-Tour im Kakadu National Park: Reise in eine andere Zeit

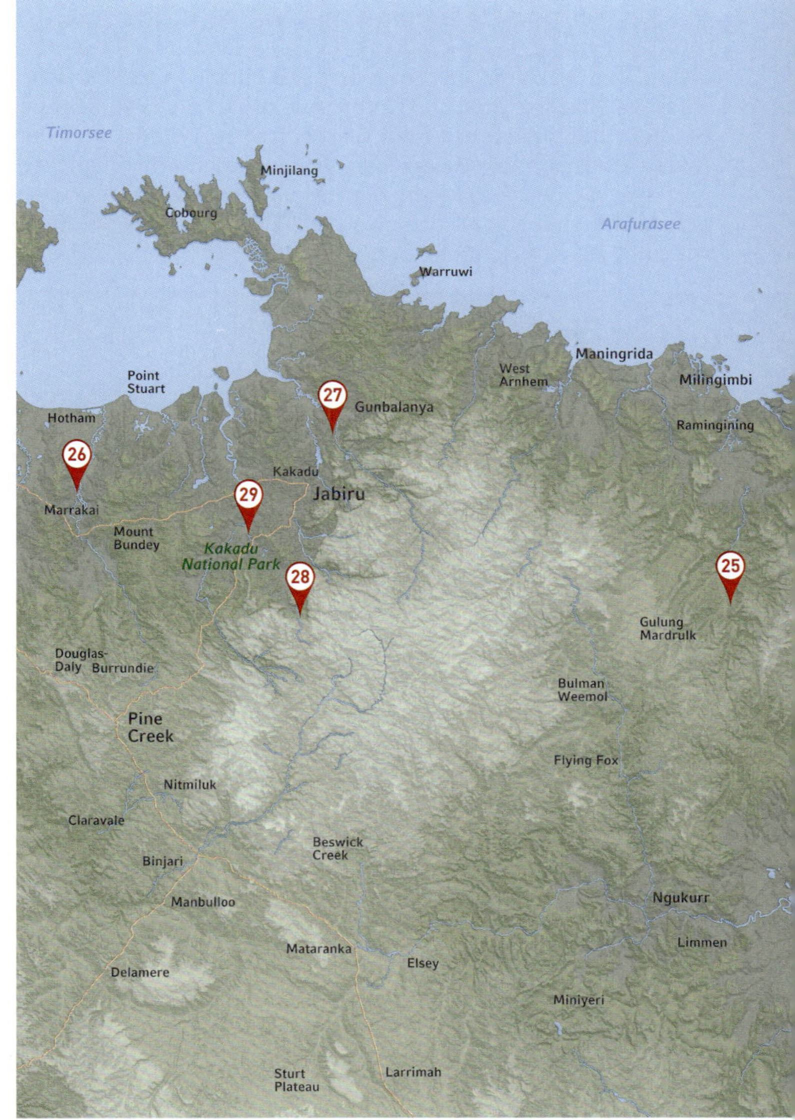
Timorsee
Minjilang
Cobourg
Arafurasee
Warruwi
Maningrida
Milingimbi
West Arnhem
Point Stuart
Hotham
27
Gunbalanya
Ramingining
26
Kakadu
Jabiru
29
Marrakai
Mount Bundey
Kakadu National Park
28
25
Gulung Mardrulk
Douglas-Daly
Burrundie
Bulman Weemol
Pine Creek
Flying Fox
Nitmiluk
Claravale
Beswick Creek
Binjari
Ngukurr
Manbulloo
Limmen
Mataranka
Elsey
Delamere
Miniyeri
Sturt Plateau
Larrimah

25. Mit einem Ureinwohner ins Arnhem Land

Wild und unberührt: Das Arnhem Land blieb von Kolonialisierung, Bewirtschaftung und Kulturraub größtenteils verschont. Bis zum heutigen Tag bleibt die mystische Wildnis von der Größe Portugals im Besitz der Ureinwohner. Hineinspicken darf nur, wer eine spezielle Genehmigung erwirbt oder sich einer Tour mit einem Ureinwohner-Guide entlang des East Alligator River anschließt.

Unter der Wasseroberfläche tummeln sich Krokodile.

Neville steuert das kleine Motorboot auf dem East Alligator River, der den Kakadu National Park vom Arnhem Land trennt, den Fluss hinauf. An den Ufern schlummern Leistenkrokodile, Geier drehen am Himmel ihre Kreise, hier und da steht ein Jabiru-Storch am Ufer.

Wir lernen von alten Ritualen und Jagdmethoden, die zum Teil noch heute angewendet werden: Wie die Eingeborenen mit einer Akazienfrucht dem Wasser den Sauerstoff entziehen und so die Fische an die Oberfläche locken. Oder wie sie bis heute mit Speeren Krokodile jagen.

Die Begegnung mit dem indigenen Tourguide aus dem Arnhem Land scheint für ihn fast so spannend wir für uns. Für Neville sind die Touristen wie Fenster: Sie erlauben ihm einen Blick in eine Welt, die ganz anders ist als die seine. Und sie geben ihm die Chance, sein Land so zu zeigen, wie er es sieht – als ein viele jahrtausendealtes reiches Erbe seiner Ahnen, voller mythischer Bedeutung und kostbarer, schützenswerter Vielfalt.

Es ist kaum 200 Jahre her, dass die Weißen Fuß auf das australische Top End setzten, die hier lebenden Leistenkrokodile als Alligatoren und die Eingeborenen als primitiv bezeichneten und schließlich ertragreiche Bodenschätze aufspürten. Damit begann ein ungleicher Kampf zwischen einer uralten Kultur und dem westlichen, unersättlichen Streben nach Fortschritt, Macht und Wohlstand.

Als eines der wenigen Gebiete Australiens steht das Arnhem Land unter der Verwaltung seiner Ureinwohner, ein geschütztes Reser-

Die Aboriginal Guides können viel zu Flora und Fauna erzählen.

Das Arnheim Land darf nur mit „Permit" betreten werden.

vat von der Größe Portugals mit gerade mal 17.000 Einwohnern – größtenteils vom Stamm der Yolngu. Touristen dürfen die Region nur mit spezieller Genehmigung besuchen, auch wirtschaftliche Aktivitäten wie der Bergbau sind beschränkt.

Auch wenn uns an den Flussufern und in den Sanddünen des Arnhem Lands nur eine kurze Zeit vergönnt ist, gibt Neville uns

Baden streng verboten! Das versteht sich auch ohne Schild.

zu spüren, wie besonders dieser Ort ist. Das Didgeridoo soll hier seinen Anfang genommen haben; zudem ist die Region für ihre einzigartige „Röntgenkunst" bekannt.

Ohne „Permit" dürfen wir hier nicht lange bleiben, dann ruft Neville uns zurück an Bord. „Vielen Dank, dass Sie Ihre Fußspuren im Arnhem Land hinterlassen haben." Eine kleine Geste oder aber Nevilles Art der Völkerverständigung.

INFO

Lage: Das Arnhem Land hat eine Fläche von 97.000 Quadratkilometern und erstreckt sich vom Golf von Carpentaria bis zum East Alligator River im hohen Norden des Northern Territory.

Website: *kakaduculturaltours.com.au/index.php/guluyambi*

26. Corroboree Billabong: Naturparadies in den Mary River Wetlands

Der Mary River National Park liegt im Feuchtbiotop der Mary River Wetlands im Norden des Northern Territory. Die Region ist ein Eldorado für Tierbeobachter, vor allem die Artenvielfalt der Wasservögel ist beeindruckend. Zudem ist der Mary River der krokodilreichste Fluss der Welt – hier tummeln sich so viele Leistenkrokodile, dass man fast garantiert eines vor die Kameralinse bekommt. Wer die Gegend besuchen möchte, schließt sich am besten einer Tour auf dem Fluss an und taucht dabei in ein unberührtes Ökosystem ein.

Im Northern Territory kann man wunderbar die Seele baumeln lassen.

Die Fauna ist hier so vielfältig und zahlreich, dass Wasservögel und Krokodile auf jeder Tour in ihrem natürlichen Lebensraum beobachtet werden können. Die Tourguides der Corroboree Billabong Wetland Cruises sind gut geschult und haben jede Menge interessante Informationen rund um die beeindruckende Tier- und Pflanzenwelt.

Leistenkrokodile zählen zu den ältesten Bewohnern unseres Planeten. Von der Evolution sichtlich unbeeindruckt hat sich die Art im Lauf ihrer über 200 Millionen Jahre alten Geschichte kaum verändert. Warum auch, wo es doch bis heute so gut lief? Während Meteoriteneinschläge und Eiszeiten den Kollegen der unterschied-

Das offene Maul dient der Temperaturregulierung.

lichen Zeitalter den Garaus machten, überstanden diese Überlebenskünstler, die sich stets der Umgebungstemperatur anpassen, jegliche Bedrohung. Daran konnten selbst krokodillederjagende Touristen nichts ändern.

Neben den hunderten Vogelarten, den vielen Krokodilen und der dichten Pflanzenwelt stechen vor allem die großen Teppiche an Lotusblüten hervor, durch die das Boot gemächlich schippert. Zwischen dem satten Grün und der rosa- bis pinkfarbenen Blütenpracht fühlt man sich in eine andere Welt versetzt.

Vogelliebhaber kommen voll auf ihre Kosten.

Und dann flattert es von allen Seiten: Hier ein Jabiru (Riesenstorch), dort ein Jacana (Jesusvogel), der mit seinen riesigen Füßen (fast) übers Wasser gehen kann. Während sich den Tourteilnehmern Kormorane, Kingfisher und Schlangenhalsvögel vor der Kameralinse präsentieren, schwebt der wohl Beeindruckendste von allen über ihren Köpfen: der Weißkopfseeadler.

Morgenstimmung

INFO

Lage: Das Corroboree Billabong liegt ca. 110 Kilometer östlich von Darwin am Rande des Mary River National Park, GPS: -12.705835, 131.636092

Aktivitäten: Krokodil- und Vogelbeobachtung, Cruise, zum Beispiel mit

- Corroboree Billabong Weltland Cruises: unterschiedliche Tourangebote von Tagestour ab Darwin bis 1-stündiger Cruise für Selbstfahrer. Sonnenauf- und untergangstouren. Einige Touren laufen von 1. April bis 31. Oktober, andere zu eingeschränkteren Zeiten. Die Abfahrt zu den Corroboree Billabong Wetland Cruises liegt ca. einen Kilometer südlich der Corroboree Park Tavern.

Übernachten:

- Corroboree Park Tavern: Zeltplätze, einfache Zimmer und Cabins. Im typisch australischen Pub gibt es Essen und kaltes Bier; Lot 3095 Arnhem Highway Marrakai, Tel. +61 8 8978 8920, *corroboreeparktavern.com.au*

Websites:

- *wetlandcruises.com.au*
- *northernterritory.com/de/de/darwin-and-surrounds/destinations/mary-river-national-park*

Hinweise:

- Während der Regenzeit ist die Region oft nicht erreichbar und es finden keine Touren statt. Beste Zeit für einen Besuch ist in der Trockenzeit von April bis Oktober.
- Buchungen sind unbedingt erforderlich!

27. Ubirr: uralte Ureinwohner-Kunst trifft auf monumentale Natur

Ein Besuch im Kakadu National Park ist ein Highlight für viele Australienreisende: die schiere Größe, die endlose Pracht der Natur, das satte Grün, die außergewöhnliche Tierwelt – das alles raubt den Besuchern aus aller Welt den Atem. Am nordöstlichen Zipfel des Nationalparks liegt Ubirr, eine Felslandschaft mit einigen der bedeutendsten Felsmalereien Australiens.

Kunst der Ureinwohner

Gemeinsam mit den Felsmalereien am Nourlangie Rock südlich von Jabiru sind diese steinalten Kunstwerke einer der Hauptgründe für den doppelten UNESCO-Welterbestatus des Parks (Weltnatur- und Weltkulturerbe). Es ist genau diese Kombination, die einen Besuch von Ubirr so einzigartig und unvergesslich macht.

Beuteltiere sind die am häufigsten dargestellen Motive.

Von Jabiru aus folgt man den Beschilderungen in Richtung Ubirr. Die Oenpelli Road zweigt vom Arnhem Highway (Highway 36) nach Norden ab und führt bis Cahills Crossing. Von dort sind es nur noch knapp drei Kilometer, bis die Straße am Parkplatz von Ubirr endet. Von hier führt ein einfacher, einen Kilometer langer Spaziergang zu der berühmten Felsformation mit seiner außergewöhnlichen Kunst. Als Rundweg angelegt bietet dieser Weg Besuchern aller Alters- und Fitnessklassen die Möglichkeit, entspannt zu den bis zu 20.000 Jahre alten Felsmalereien zu gelangen. Wer sich die zusätzlichen 250 Höhenmeter zutraut (ca. 30 Minuten extra), sollte unbedingt noch den Anstieg zum Nadab Lookout mitnehmen – man wird mit fantastischen Aussichten über die Nadab Floodplains belohnt. Besonders bei Sonnenuntergang ein unvergessliches Erlebnis!

Blick über die mystische Savanne von Ubirr

Die historische Bedeutung der Felszeichnungen lässt sich kaum ermessen, sind sie doch Zeuge für die jahrtausendealte Kultur der australischen Ureinwohner. Ebenso signifikant ist die kulturelle und spirituelle Bedeutung der Stätte: Die Zeichnungen stellen eine direkte Verbindung zu den Urahnen der Ureinwohner und dem Ursprung ihrer Spiritualität dar. Den interessierten Besucher erwarten Zeichnungen im X-ray-Stil, bei dem Tiere und Menschen mit den inneren Organen abgebildet werden. An anderer Stelle werden Begegnungen mit den weißen Siedlern dargestellt – diese

Felsformationen am Ubirr Rock

sind wohl in etwa 200 Jahre alt. Die Zeichnung eines Tasmanischen Tigers wiederum belegt, dass andere Zeichnungen mindestens 2000 bis 3000 Jahre alt sein müssen – zu dieser Zeit starb der Tasmanische Tiger in dieser Gegend aus.

INFO

Lage: knapp 300 Kilometer östlich von Darwin, 43 Kilometer nördlich von Jabiru, am östlichen Ende des Kakadu National Park, GPS: -12.4085, 132.9562

Aktivitäten: Wandern, Ureinwohner-Geschichte, Wandmalerei, Tierbeobachtung

Übernachten:

- Merl Camping Ground: Cahills Crossing, *parksaustralia.gov.au/kakadu/stay/camping/merl-campground*

Jabiru bietet eine Auswahl an Unterkünften:

- Mercure Kakadu Crocodile Hotel: 4-Sterne-Hotel in Form eines Krokodils; Flinders Street, Tel. +61 8 8979 9000, *all.accor.com*
- Anbinik Kakadu Resort: bietet sowohl Hotelzimmer als auch Bungalows, schöner Pool, saubere Zimmer; Lakeside Drive, Tel. +61 8 8979 3144, *kakadu.net.au*

Websites:

- *parksaustralia.gov.au/kakadu*
- *northernterritory.com*

Hinweise:

- Entlang der Flüsse gilt im gesamten Park: Wilde Krokodile!! Unbedingt die Warnschilder beachten und sich vorsichtig verhalten!
- Der Kakadu National Park ist das ganze Jahr über geöffnet. Aufgrund der Regenzeit von November bis März sind Teile des Parks jedoch zu diesen Zeiten aufgrund von Überschwemmungen nicht zu erreichen. Dazu gehört auch Ubirr Rock. Beste Reisezeit ist die Trockenzeit von Mai bis Oktober, zu dieser Zeit sind auch die Temperaturen angenehmer als im heißen, tropischen Sommer.

28. TWIN FALLS: 150 METER SPEKTAKULÄRER FREIER FALL

Der Kakadu National Park hat auf seinen fast 20.000 Quadratkilometern viele Highlights zu bieten, manche davon verbirgt er hinter rauer, meist undurchdringbarer Natur. Ganz oben auf der Liste stehen bei vielen Besuchern die beiden (be)rauschenden Wasserfälle Jim Jim Falls und Twin Falls. Schon die Tatsache, dass man die Fälle nur mit einem Allradfahrzeug erreichen kann – und auch das nur, wenn die Trockenzeit die Zufahrt freigibt –, macht den Besuch zum echten Abenteuer.

Den spektakulärsten Blick auf die Falls bekommt man aus der Luft.

Ein Hinweis gleich vorweg: Die Twin Falls mit dem eigenen Auto zu erreichen sollte nur wagen, wer über ein hohes Allradauto mit Schnorchel verfügt und bereits Erfahrung im Durchqueren von Flüssen hat. Vor allem beim Durchfahren des Jim Jim Creek kann das Wasser leicht bis zu einem halben Meter tief sein. Die meisten Touristen schließen sich daher einer Tagestour ab Cooinda oder Jabiru an.

Auf dem Weg zu den Wasserfällen

Nach etwa 55 Kilometern unbefestigter Straße – die Piste verläuft hauptsächlich durch Sand und Stein –, erreicht man den Parkplatz der Twin Falls. Weiter geht es mit der Fähre, die Besucher zum Wanderweg bringt. Nach der Bootsüberfahrt sind nach einem etwa 20-minütigen Fußweg die Twin Falls erreicht: ein kleines Paradies mit weißem Sandstrand!

Die hinabstürzenden Wassermengen sind je nach Jahreszeit sehr unterschiedlich. Ein Besuch der Twin Falls ist zu jeder Zeit lohnend, empfehlenswert ist aber eine Reise zu Beginn der Trockenzeit. Dann sind die Fälle gerade wieder per Auto zu erreichen, aber die noch immer großen Wassermengen präsentieren dem Besucher ein tosendes Spektakel. Mit 150 Meter Höhe sind sie die zweithöchsten Wasserfälle im Park, nur übertroffen von den nahe gelegenen Jim Jim Falls, die es auf über 200 Meter Fallhöhe bringen.

Während der Regenzeit von etwa November bis April kann die Region nur per Boot oder aus der Luft erkundet werden. Eine

Jim Jim Falls

Besichtigung aus der Luft lässt die Gegend natürlich nicht so greifbar erscheinen, andererseits bekommt man nur von hier oben ein Gefühl für die riesigen Dimensionen des Kakadu National Park.

Auch wenn die wunderschönen weiße Sandstrände und das kristallklare Wasser der Twin Falls sehr zum Baden einladen, sollte man dies unbedingt unterlassen. Es werden hier immer wieder Leistenkrokodile gesichtet!

INFO

Lage: Die Twin Falls liegen etwa 105 Kilometer südlich von Jabiru im südlichen Kakadu National Park, ca. 75 Kilometer südlich von Cooinda Lodge, GPS: -13.292628, 132.788771

Aktivitäten: Wandern, Allrad-Tour

Übernachten:

- Garnamarr Campground: ca. 15 Kilometer nördlich der Twin Falls, Jim Jim Falls Road, *parksaustralia.gov.au/kakadu/stay/camping/garnamarr-campground*

Touranbieter:

- Flüge zu den Twin Falls: *parksaustralia.gov.au/kakadu/do/tours/scenic-flights*
- Touren im Kakadu National Park: *parksaustralia.gov.au/kakadu/do/tours*, zum Beispiel mit Kakadu Tours and Travel: *kakadutoursandtravel.com.au/tour/jim-jim-and-twin-falls-tour*

Websites:

- *parksaustralia.gov.au/kakadu/do/waterfalls/twin-falls-gorge*
- *northernterritory.com/de/de/kakadu-and-surrounds/destinations/twin-falls-gorge*

Hinweise:

- Die Zufahrtsstraßen zu den Twin Falls sind in der Regenzeit überschwemmt. Mit dem Auto ist der Besuch nur in der Trockenzeit zwischen etwa Juni und Oktober möglich.
- Die Websites des Nationalparks geben Auskunft über aktuelle Straßenkonditionen

29. Ureinwohner-Tour im Kakadu National Park: Reise in eine andere Zeit

Im Kakadu National Park, dem mit 20.000 Quadratkilometern größten Nationalpark Australiens, trifft der Besucher nicht nur auf eine einzigartige Tier- und Pflanzenwelt. Auch die Kultur der Ureinwohner ist in der Gegend überall präsent. Man hat hier das Gefühl, nicht nur ein anderes Land zu besuchen, sondern abzutauchen in ein anderes Leben, eine andere Zeit. Wer offen ist, sich darauf einzulassen, kann hier erfahren, wie die Welt aus Sicht der Ureinwohner aussieht.

Am Nachmittag werden die gesammelten Nahrungsmittel zu einem Essen verarbeitet.

„Gleich steigt unsere indigene Führerin mit in den Bus", erklärt uns unser Tour-Guide, während er den kleinen Tourbus über die unbefestigte Straße, irgendwo in den Weiten der australischen Wildnis, steuert. Wir haben eine Tagestour mit Animal Tracks Safari im Kakadu National Park gebucht. Außer uns sitzt nur noch ein Ehepaar aus Melbourne im Bus. „Ihr müsst ihr ein bisschen Zeit geben, sie wird euch nicht direkt begrüßen und euch auch nicht in die Augen sehen. Das ist nicht ihre Art. Aber mit der Zeit wird sie offener werden." Patsy steigt zu und mit ihr ihre Schwester, die zwei tote Hühner und Utensilien mitbringt. Keine Begrüßung, kein Blickkontakt. Die Tour beginnt. Patsy will uns zeigen, wie sie und ihre Familie einst Nahrung gefunden und zubereitet haben. Wir halten an verschiedenen Orten und lassen uns anleiten. Da sind die Wurzeln verschiedener Pflanzen, die wir lernen zu entdecken und auszugraben, die Knollen, die wir im Sand in der Nähe einer Wasserstelle finden, die Ameisen, deren prall gefüllte Körper nach Zitrone schmecken und deren Verzehr gut gegen Kopfschmerzen ist. Uns kribbelt noch Stunden später der Hals. Patsy lacht, als sie unsere Reaktionen beobachtet. Ein herzhaftes Lachen, das die Distanz zwischen uns und unseren Welten ein großes Stück kleiner werden lässt.

Wir ziehen weiter, lernen, wie die Ureinwohner aus Baumrinde Gefäße machten und dabei für ein Gleichgewicht im Wald sorgten. Wie alles Leben immer im Einklang steht und wie sehr die Ureinwohner sich als Kinder der Erde und zugleich für sie verantwortlich sehen. Je mehr uns Patsy aus ihrer (vergangenen) Welt erzählt, desto mehr sind wir in den Bann gezogen von einem Leben, einer Zeit, die so entfernt erscheint wie die Geschichten in einem Märchenbuch.

Wir erfahren, dass sie tatsächlich noch in dieser Welt aufgewachsen ist und mit ihrer Familie das ursprüngliche Nomadenleben geführt hat, das der Ureinwohner-Kultur zugrunde liegt. Mit 17 Jahren sah sie dann den ersten Weißen Menschen. Danach war nichts mehr wie vorher. Es gleicht einem unfreiwilligen Sprung aus der Steinzeit in die Moderne.

Auf der Suche nach Essbarem

Mit den gesammelten Nahrungsmitteln des Tages kommen wir eine Stunde vor Sonnenuntergang auf einem kleinen Plateau an. Um uns herum ein fantastischer Blick über das stolze, unberührte Land. Wir wollen gemeinsam nach Ureinwohner-Art – im Erdbackofen – das Essen zubereiten, das wir gesammelt haben, ergänzt von den beiden Hühnern, die wir bereits im Auto hatten. „Gerupft werden müssen sie noch“, sagt Patsy, legt uns eines der beiden vor die Füße und hängt das andere an einen Baum – zum Rupfen für unsere Mitreisenden. Eine Selbstverständlichkeit. In ihrer Welt. Für uns dann aber doch nicht ganz so selbstverständlich, erst recht als Vegetarier. Das Unverständnis in ihrem Blick, der Unglaube über unsere Hilflosigkeit, wird uns noch sehr lange begleiten. Es ist ein Spiegel. Ein kurzer Moment, in dem uns klar wird, wie absurd wir und unsere Welt durch ihre Augen erscheinen müssen.

Essen direkt aus dem Busch

Irgendwo in der Distanz startet ein Vogelschwarm. „Krokodil“, sagt Patsy nur, ohne aufblicken. Sie hat sich daran gemacht, die Hühner selbst zu rupfen. Ihre Gedanken wirken jetzt sehr tief versunken. Während wir später am Feuer sitzen, erzählt sie weiter ihre Geschichten, eine Mischung aus Erinnerungen und den mythischen Erzählungen, die zu ihrer Kultur gehören. Später am Abend sind wir zurück in unserem Hotel, zurück in unserer Welt und unserer Zeit. Fast unwirklich erscheint der Gedanke, dass wir nur von einem Tagesausflug zurückkommen. Die Fahrt mit Patsy in die unglaubliche Natur und Geschichte des Kakadu National Park wird uns noch sehr lange in Erinnerung bleiben.

Entspannen nach einer tollen Tour

INFO

Lage: Der Kakadu National Park liegt etwa 170 Kilometer östlich von Darwin.

- Animal Tracks Safari: befinden sich 55 Kilometer südlich von Jabiru, in Cooinda, GPS: -12.905567, 132.521314

Aktivitäten: Tagestour: Bushwalking, Tierbeobachtung, Ureinwohner-Kultur

Übernachten:

- Cooinda Campground and Caravan Park: Cooinda Road, Tel. +61 8 8979 1500, *kakadutourism.com/accommodation/cooinda-campground-caravan-park*

Websites:

- *northernterritory.com*
- *animaltracks.com.au*
- *parksaustralia.gov.au/kakadu/do/tours/animal-tracks-safari*

Hinweis: Beste Reisezeit für den Kakadu National Park ist die Trockenzeit zwischen April und September.

Red Centre

Auf zur Wanderung durch die Ormiston Gorge – am besten zu Sonnenaufgang

Red Centre

30. Coober Pedy: wo Glücksucher der Natur trotzen
31. Larapinta Trail
32. Hot Air Ballooning bei Alice Springs: Schweben über dem Outback
33. Karlu Karlu: wo der Teufel Murmeln spielt
34. Ormiston Gorge und Glen Helen Gorge
35. Kata Tjuta: Valley of the Winds
36. Rainbow Valley Conservation Reserve
37. Trephina Gorge und die östlichen MacDonnell Ranges

33
Ali Curung
Davenport
Willowra
Tara
Chilla Well
Wilora
Atneltyey
Ti Tree
32
Yuendumu
Yuelamu
Anmatjere
Lake
Mackay
Laramba
Nyirripi
Engawala
Atitjere
Kunparrka
Papunya
Mount
Liebig
Burt Plain
Haasts
Bluff
34
31
30
37
Mount Zeil
Alice
Springs
Mereenie
Hermannsburg
Hugh
Santa
Teresa
Wallace
Rockhole
36
Titjikala
35
Imanpa
Yulara
Ghan
Mutitjulu
Finke

30. Coober Pedy: wo Glücksucher der Natur trotzen

Kupa piti – „weißer Mann im Loch" – nannten die Ureinwohner diesen Ort. Das Outback zeigt sich hier von seiner gnadenlosesten Seite: Es ist trocken, glühend heiß, karg und staubig. Warum sollte man hier verweilen? Im Jahr 1915 fanden Goldsucher allen Widrigkeiten zum Trotz einen Grund sich hier anzusiedeln: Opal!

Coober Pedy diente schon zahlreichen Filmen als Kulisse.

Chemisch besteht Opal aus Silizium, Sauerstoff und Wasser.

Wer nach mehrstündiger Autofahrt durch das australische Outback in Coober Pedy ankommt, den beschleicht leicht der Eindruck, das Ende der Welt erreicht zu haben. An diesem surrealen Ort lebt die Mehrheit der Bevölkerung unter der Erde, um der unbändigen, gleißenden Hitze des Sommers zu entkommen. Der Sandstein hält die Wohnungen beständig kühl. Auch Kirchen, Cafés, Unterkünfte, ein Restaurant, ein Buchladen und selbst ein Campingplatz sind im Untergrund zu finden. Etwa 2500 Menschen aus 40 verschiedenen Nationen nennen diesen Ort ihr Zuhause: Opalsucher, Abenteurer, Aussteiger.

Hotelzimmer unter Tage

Coober Pedy fördert zusammen mit den – nach Outback Standard – „nahe gelegenen" Orten Mintabie (270 Kilometer) und Andamooka (480 Kilometer) 85 Prozent der weltweit gehandelten Opale. Den Titel Opalhauptstadt der Welt hat sich das Städtchen also zweifelsohne verdient. Das ganze Jahr über wird hier nach dem außergewöhnlichen Stein geschürft und gegraben. Die Minen und Grabungen haben die Gegend in eine Mondlandschaft verwandelt.

So steht ganz oben auf der touristischen To-do-Liste natürlich, selbst sein Glück in einer der Schürfstätten zu versuchen, um dann anschließend in den zahlreichen Opalläden zu bestaunen, was man hätte finden können. Aber auch andere Sehenswürdigkeiten sollte man nicht verpassen: Zu empfehlen ist vor allem der Besuch einer Opalmine wie zum Beispiel der Old Timer's Mine und des Umoona Opal Mine & Museum sowie natürlich der zahlreichen unterirdischen Gebäude.

Umoona Opal Mine & Museum

Wer noch nach einer sportlichen Herausforderung sucht, dem bietet der Coober Pedy Opal Fields Golf Club eine Runde Golf der besonderen Art. Das „Grün“ besteht hier aus Outback-Sand. Für den Abschlag wird ein tragbares Stück Kunstrasen verwendet. Man sagt, schon so mancher Golfer habe während des Spiels Opal gefunden ...

Sicherlich: Coober Pedy liegt fernab der allermeisten Tourpläne. Und dennoch – oder gerade deshalb – lohnt der Besuch. Es gibt auf der Welt wenige Orte, die so eigenartig und so faszinierend seltsam sind wie Coober Pedy.

INFO

Lage: Coober Pedy liegt 850 Kilometer nordwestlich von Adelaide bzw. 680 Kilometer südlich von Alice Springs, GPS: -29.01639205, 134.7569

Aktivitäten: Opalsuche, Outback Touren, Opal Minen besuchen

- Umoona Opal Mine & Museum: 14 Hutchison Street
- Old Timer's Mine: Besuch in der Old Timer's Mine mit Museum und selbst geführter Tour durch die Mine; 2190 Crowders Gully Road, *oldtimersmine.com.au*
- Opalschops: Die meisten Opalshops sind täglich geöffnet.
- Kirchen: einige Kirchen, zum Beispiel die Catacomb Church, sind durchgängig geöffnet, 746 Catacomb Road
- Coober Pedy Opal Fields Golf Club; 1509 Rowe Drive, *cooberpedygolfclub.com.au*

Übernachten: Für den besonderen Flair sollte man in Coober Pedy natürlich eines der Underground Hotels oder den Underground Campground ausprobieren, zum Beispiel:

- Riba's Camp Underground: *camp-underground.com.au*
- *The Underground Motel: theundergroundmotel.com.au*
- Desert Cave Hotel: 4-Sterne-Hotel; *desertcave.com.au*

Website: *cooberpedy.com*

Hinweis: Die beste Reisezeit für Coober Pedy ist während der kühleren Monate von April bis Oktober.

31. Larapinta Trail

Der Larapinta Trail gilt als einer der imposantesten Fernwanderwege Australiens. Auf 223 Kilometern geht es von Alice Springs durch Schluchten und Flussbetten über Felsrücken und durch roten Sand bis zum Mount Sonder in den West MacDonnell Ranges. Zwölf Tage – so schweißtreibend wie unvergesslich.

Ganz egal ob man nur eine Teilstrecke wählt oder die komplette zwölftägige Wanderung ins Auge fasst: Der Larapinta Trail will gut geplant sein, denn meistens wandert und campiert man viele Kilometer von jeglicher Zivilisation entfernt. Auf dem Packzettel sollten in jedem Fall eine tragbare Zeltausrüstung, ein Erste-Hilfe-Set, Insektenschutzmittel, Sonnencreme und ein Satellitentelefon stehen. Lebensmittel und Trinkwasser sind entlang der Route äußerst rar, das Aufstocken und Rationieren muss also gut durchdacht und geplant sein. Zwei verschließbare Essenslager liegen entlang der Route. Einen Schlüssel erhält man von der Nationalparkbehörde, so kann man hier im Voraus Lebensmittel lagern. Klingt aufwendig, kompliziert, abenteuerlich? Ist es auch! Und die Mühe wird dafür umso mehr belohnt!

Wer den ganzen Trail laufen möchte, ist zwölf Tage unterwegs.

Über Stock und Stein durch die Schlucht

Die Western MacDonnell Ranges

Die Wanderung beginnt an der Telegraph Station nördlich von Alice Springs. Von hier aus geht es am ersten Tag in westlicher Richtung bis zum Simpsons Gap. Schon am zweiten Tag sind die westlichen MacDonnell Ranges erreicht. Am Ende einer jeden Tagesetappen (jeweils zwischen 13 und 31 Kilometern) campiert man hier an so eindrucksvollen Highlights wie Standley Chasm, Hugh Gorge, Ellery Creek, Serpentine Gorge, Ormiston Gorge und Finke River. Von Letzterem sagt man, er sei der älteste Fluss der Erde – auch wenn das Wasser nur noch selten durch sein 300 Millionen altes Flussbett schwappt.

Der Finke River versorgt Mensch und Tier zu guten Zeiten mit Wasser und Nahrung.

Am letzten Tag der Route geht es stetig den Berg hinauf bis zum Gipfel des Mount Sonder, der von den Arrernte-Ureinwohnern Rwetyepme genannt wird. Mit 1380 Höhenmetern darf man hier zu guter Letzt die wohl verdiente Aussicht über das Palm Valley genießen.

INFO

Lage: Die Wanderroute führt von der Telegraph Station nördlich von Alice Springs über 223 Kilometer bis zum Mount Sonder am Ende der westlichen MacDonnell Ranges.

Beste Reisezeit: Die beste Zeit für die Fernwanderung ist Mai bis August. Im Sommer übersteigt das Thermometer regelmäßig die 40 Grad.

Übernachten: Am Ende jeder Tagesetappe befinden sich idyllische, aber oft spärlich ausgestattete Campingplätze. Alle verfügen über Buschtoiletten. Offenes Feuer ist nicht gestattet. Wasser ist an vielen Stellen entlang der Route erhältlich, muss aber unbedingt vor dem Verzehr gereinigt werden.

Website: *larapintatrail.com.au*

32. HOT AIR BALLOONING BEI ALICE SPRINGS: SCHWEBEN ÜBER DEM OUTBACK

Es ist noch dunkel, wenn man sich von Alice Springs aus auf den Weg ins Outback macht. Die Luft ist kalt, der Himmel sternenklar. Mit den Lichtern der Kleinstadt Alice Springs lässt man die einzigen künstlichen Lichter der Gegend hinter sich und fährt durch die Nacht. Später, wenn der Ballon langsam in den Himmel steigt und sich in der Morgendämmerung die Natur rings herum allmählich in ein Meer aus Farben verwandelt, dann ist er da: einer dieser Momente im Leben, die man nicht mehr vergisst.

Wer das Red Centre Australiens besucht, für den steht meist der Uluru auf dem Programm. Es lohnt sich jedoch, auch ein paar Tage mehr für diese einzigartige Landschaft einzuplanen, das Outback hat viel zu bieten und ist vielseitiger, als sich das die meisten vorstellen.

Ein Sahnehäubchen in jeder Reiseplanung ist eine Fahrt mit dem Heißluftballon über der roten Erde rund um Alice Springs. Angeboten werden 30- und 60-minütige Touren zum Sonnenaufgang, wenn das Licht die kuriose Landschaft zusätzlich verzaubert.

Zwischen zehn und 20 Kilometer legt man üblicherweise bei einer Ballonfahrt zurück.

Unvergesslich: eine Fahrt mit dem Ballon

Die Teilnehmer werden von ihrem Hotel in Alice Springs abgeholt. Je nach Jahreszeit starten die Touren zwischen 4:15 Uhr und 5:45 morgens. Am Startplatz angekommen erhalten sie von der Crew alle Infos rund um die Fahrt und können beim Aufbau des Ballons zusehen. Bis zu 24 Personen passen in die Ballone, sie gehören damit zu den größten der südlichen Hemisphäre. Die 30 oder auch 60 Minuten vergehen dann tatsächlich wie im Flug, abwechselnd geprägt von vollkommener Stille beim Schweben durch die Luft und der beeindruckenden Lautstärke des regelmäßigen Befüllens des Ballons mit Gas.

Die Chancen, die australische Tierwelt von oben zu sehen, sind hoch, erwacht zu dieser Zeit doch das ganze Outback zum Leben. Vor allem Kängurus werden oft gesichtet. Erst von oben wird einem dabei bewusst, wie überwältigend ausgedehnt und abgelegen sich das Outback über den Horizont ausbreitet. Gemächlich treibt man über die Western MacDonnell Ranges, über riesige Rinderfarmen und schier endlos erscheinender roter Erde. Der Pilot liefert unterdessen Infos rund um die Gegend und um das Ballonfahren. Nach der Landung werden Snacks und Sekt angeboten und wer möchte kann beim Einpacken des Ballons mithelfen.

Wer nicht selbst im Ballon mitfliegen möchte, kann alternativ auch die „Balloon Chase"-Tour buchen und vom Boden aus den Ballon im Allrad-Auto „verfolgen". Wohin genau die Reise dann führt, hängt immer davon ab, wie der Wind sich dreht.

INFO

Lage: Startplatz fürs Ballooning ist ca. 20 Kilometer außerhalb von Alice Springs, GPS: -22.3, 133.8

Website: *outbackballooning.com.au*

Hinweise:

- Warme Kleidung mitbringen und am besten Kleidung tragen, die man leicht wieder reinigen kann. Der rote Staub setzt sich leicht fest.
- Da die Korbhöhe ca. 1,2 Meter beträgt, werden die Touren erst für Kinder ab 6 Jahren empfohlen.

33. Karlu Karlu: wo der Teufel Murmeln spielt

Wer mit dem Auto durch die unendliche Weite des Outbacks reist, gewöhnt sich schnell an die intensiven Rottöne, die Trockenheit und Einsamkeit. Abgesehen von ein paar kleinen Siedlungen gibt es auf der Fahrt entlang des Stuart Highway wenige Hinweise auf Zivilisation. Da taucht am Wegesrand auf einmal ein sehr unwirklich scheinendes Bild auf.

Schon bei der Anfahrt beeindruckend – Karlu Karlu

Karlu Karlu nennen die Ureinwohner des Warumungu-Stamms die riesigen Felskugeln, die hier in der roten Landschaft liegen und so wirken, als hätte sie hier jemand bewusst platziert. Die weißen Siedler sahen darin Devils Marbles (Teufelsmurmeln). Insgesamt sind es mehr als 1000 in unterschiedlichen Größen und Formen. Die höchsten ragen bis zu sechs Meter in den tiefblauen Himmel. Einige sind gespalten, andere balancieren aufeinander. Das Ganze wirkt wie ein großer Spielplatz der Natur. Die tiefrote Farbe, die Eisenoxid den Steinen verleiht, gibt dem verspielten Landschaftsbild gleichzeitig eine faszinierende Schönheit. Vor allem bei Sonnenauf- und untergang ist das Farbspiel ein leuchtendes Spektakel.

Für Fotografen ein absolutes Highlight

Die Steine nehmen in der Kultur der Ureinwohner eine besondere Rolle ein. Dieser nach handelt es sich bei den Kugeln um Eier der Regenbogenschlange, die eine zentrale Figur in der spirituellen Geschichte der Ureinwohner spielt. Seit Jahrtausenden übertragen die Ureinwohner ihr Wissen von einer Generation an die nächste und halten so ihre Traditionen und Kultur am Leben. Die

Trotz extremer Trockenheit gibt es hier Eukalypten.

Steine sind wichtiger Bestandteil davon, denn in ihnen wohnen mythische Figuren. Sie sind für die Ureinwohner ein heiliger Ort, der von Besuchern mit entsprechendem Respekt behandelt werden sollte.

Die Granitmurmeln sind mehrere Millionen Jahre alt. Während sich ihre Umgebung aus Sandstein im Laufe der Zeit stark verändert hat, konnten die Riesen dem Zahn der Zeit etwas mehr trotzen, obgleich auch an ihnen der Einfluss von Wind, Regen und Sonne nicht spurlos vorüberging und sich ihre Form beständig ändert.

Ein ca. 20-minütiger Wanderweg führt um die Felsen. Auf einer Wanderung mit einem Ranger erfährt man viele interessante Details über die Gegend.

Besonders zu empfehlen ist eine Nacht an den Felskugeln. So kommt man zugleich in den Genuss des perfekten Lichts in der Abend- und Morgendämmerung sowie des faszinierenden Sternenhimmels, den das Outback zu bieten hat.

INFO

Lage: Die Karlu Karlu liegen 400 Kilometer nördlich von Alice Springs bzw. 100 Kilometer südlich von Tennant Creek, GPS: -20.5615972, 134.26494

Aktivitäten: Wandern, Sternbeobachtung, Fotografie, Ureinwohner-Kultur

Übernachten:

- Karlu Karlu Campsite: wird vom Nationalpark betrieben, Gebühr wird vor Ort bezahlt; *nt.gov.au/leisure/parks-reserves/find-a-park/find-a-park-to-visit/karlu-karlu-devils-marbles-conservation-reserve*
- Devils Marbles Hotel: etwa 20 Kilometer südlich; Tel. +61 8 8964 1963, *devilsmarbleshotel.com.au*

Website: *northernterritory.com/de/de/tennant-creek-and-barkly-region/destinations/karlu-karlu--devils-marbles-conservation-reserve*

34. Ormiston Gorge und Glen Helen Gorge

Die Kartografie ist in Zentralaustralien keine sonderlich zuverlässige Angelegenheit: Was heute ein trockenes Flussbett ist, mag morgen ein reißender Strom sein – oder umgekehrt. Zum Glück gibt es erfrischende Badestellen wie das ganzjährig gefüllte Wasserloch in der Ormiston Gorge – hier ist noch Verlass auf's Nass.

Hier wird über Stock und Stein gewandert.

Farbenfrohes Outback

Am genussvollsten ist das Bad im stets kühlen Wasser am Ende des Pound Walk. Die etwa vierstündige Rundwanderung startet man am besten frühmorgens, wenn die Sonne lange Schatten zwischen die ringförmige Bergkette wirft. Auf dem ersten Kilometer geht es stetig bergauf und nach und nach enthüllt sich der Blick über die idyllische Berglandschaft des Nationalparks.

Der kurze steile Abstecher zum Aussichtspunkt ist die Mühe unbedingt wert: Die ockerfarbenen Felsen der Ormiston Gorge zählen zweifellos zu einer den eindrucksvollsten Schluchten der Western MacDonnell Ranges! Danach geht's hinab in die Schlucht und zwischen den steilen Felswänden hindurch zum Wasserloch in der Nähe des Parkplatzes. Bevor man den Sprung ins Wasser wagt,

Die Glen Helen Gorge liegt nur einen kurzen Spaziergang vom Resort entfernt.

eine kurze Warnung: Der Teich ist bis zu 14 Meter tief und eigentlich immer eisig kalt!

Nicht ganz so viel Wanderlust? Kürzer ist der Ghost Gum Walk, ein Rundweg, für den man ca. 90 Minuten einplanen sollte. Er führt zu an einer Aussichtsplattform vorbei, von der aus sich ein überwältigender Blick über die Schlucht bietet.

Und wer schon mal bis hierhin gekommen sind, sollte sich auch die Glen Helen Gorge nicht entgehen lassen: steile, in der Abendsonne grellrot leuchtende Felsen, die sich in den permanenten Wasserlöchern widerspiegeln. Wer hier durch die erste Felsspalte schwimmt, erreicht über einen kurzen Spaziergang Felsnadeln, die wie Orgelpfeifen aus der Landschaft ragen. In den steinernen Wänden leben übrigens unzählige Schwarzpfoten-Felskängurus („black-footed rock wallabies"), schüchterne Felskängurus, die sich am ehesten in der Morgen- oder Abendsonne blicken lassen.

INFO

Lage: Die Ormiston Gorge liegt 135 Kilometer westlich von Alice Springs im Tjoritja/West Macdonnell National Park, GPS: -23.615664, 132.718173

Übernachten:

- Der Campingplatz ist oft voll belegt, am besten reist man morgens an, um einen Platz zu ergattern; Buschtoiletten, Duschen und Gasgrills, der Kiosk ist nur von März bis November geöffnet.
- Glen Helen Lodge: Campingplätze und einfache, klimatisierte Zimmer mit Bad, elf Kilometer südwestlich; *glenhelenlodge.com.au*

Website: *nt.gov.au/leisure/parks-reserves/find-a-park/find-a-park-to-visit/ormiston-gorge*

Hinweis: Zur Wanderung unbedingt ausreichende Mengen an Trinkwasser, Sonnencreme und ein Fliegennetz mitbringen!

35. Kata Tjuta: Valley of the Winds

Etwa 40 Kilometer westlich vom Uluru ragen diese eindrucksvollen Kuppelfelsen unerwartet aus der kargen Ebene. „Viele Köpfe" bedeutet ihr Name in der Sprache der Anangu – genau genommen sind es 36 – darunter sinnliche, fröhliche, träge, schmusende und verdutzte. Je länger man hinsieht, desto vielfältiger und schillernder sind ihre Charaktere.

Mit 1066 Höhenmetern ist der Mount Olga der höchste der Kata-Tjuta-Felsen und knapp 200 Meter höher als der Uluru. Der Australienforscher Ernest Giles benannte die Kuppel 1872 zu Ehren von Königin Olga von Württemberg. Was genau an den weichen

Das Farbenspiel bei Sonnenauf- und -untergang ist fantastisch.

Felsbögen ihn an die Königin erinnerte, bleibt der Fantasie des Betrachters überlassen. Inzwischen kehrt die Felskette aber mehr und mehr zu ihrem ursprünglichen Namen der Anangu zurück. Die für die Ureinwohner heilige Stätte war einst ihren Männern vorbehalten. Frauen durften lediglich zu den Felsen, um Nahrung und Wasser zu sammeln. Zwei Wanderwege stehen Besuchern heute offen – die Ureinwohner bitten allerdings darum, die Pfade nicht zu verlassen.

Ein 2,6 Kilometer langer Wanderweg führt in die Walpa Gorge, die nach Regenfällen von einem Band aus pinkfarbenen Gänseblümchen bedeckt wird. Der Parkplatz zu diesem Kurzwanderweg ist ausgeschildert.

Die Wanderung durch das Valley of the Winds startet man am besten kurz vor Sonnenaufgang, wenn die Luft kühl und klar ist und der Mond sich langsam am Horizont hinter den dunkelroten Kuppeln verabschiedet. Drei bis vier Stunden sollte man für die 7,5 Kilometer einplanen – inklusive Zeit für Fotos und lange, kostbare Momente, um die Aussicht zu genießen. Highlight der Tour ist der Karingana Lookout inmitten der domartigen Felsen. Unbedingt ausreichend Trinkwasser mitnehmen! An Tagen, an denen das Thermometer auf mindestens 36 Grad Celsius klettern soll oder Stürme vorhergesagt sind, ist der Pfad ab dem ersten Aussichtspunkt (Karu Lookout) gesperrt.

Rote Erde prägt die Region.

Auf dem 7,5 Kilometer langen Valley of the Winds Rundweg kann man Kata Tjuta erkunden.

INFO

Lage: Der Parkplatz Kata Tjuta Valley of the Winds liegt 53 Kilometer westlich von Yulara im Uluru-Kata Tjuta National Park, GPS: -25.284 , 130.726

Übernachten: Im Nationalpark darf nicht genächtigt werden. Dafür bietet das Ayers Rock Resort ein paar Kilometer nördlich reichlich Übernachtungsgelegenheiten vom Zeltplatz und Backpacker-Hostel über Hotelzimmer bis hin zum Luxuscamp Longitude 131 mit Blick auf den Uluru.

Informationen: Informationszentrum in Yulara

Website: *parksaustralia.gov.au/uluru*

Hinweis: Ausreichend Trinkwasser, Sonnencreme und ein Fliegennetz mitnehmen!

36. Rainbow Valley Conservation Reserve

Die meisten Besucher des Red Centre lassen die prächtigen Sandsteinfelsen des von Ureinwohnern verwalteten Naturreservat links (oder vom Süden kommend: rechts) liegen – und das völlig zu Unrecht! Wenn die Sonne am Horizont auf- oder untergeht offenbaren die Felswände ihr imposantes Farbspiel und erstrahlen in Tönen von cremefarben bis dunkelrot.

Wurre nennen die Upper Southern Arrernte, die indigenen Wächter des Landes, dieses verlassene Fleckchen unseres Planeten, wo die ungestörte Stille wie ein Wunschkonzert in den Ohren klingt. Eine unbefestigte Sandpiste führt 77 Kilometer südlich von Alice Springs in den Park; in der Regel ist sie mit einem normalen Pkw befahrbar.

Wüstenkasuarinen wachsen auf dem Sandstein.

Vom gut gepflegten Campingplatz mit Informationstafeln und Blick auf die Felsen starten zwei kurze Wanderungen (jeweils etwa 30 bis 45 Minuten): zum bogenförmigen roten Mushroom Rock, den Wind und Regen aus dem Stein geschnitten haben, sowie zu den meist trockenen Wasserbecken („claypans"), die sich schon nach kurzen Regenschauern in kleine Pools verwandeln und in deren Umfeld unzählige teils einzigartige Vogelarten zu Hause sind.

Für die Ureinwohner ist Wurre seit vielen Jahrtausenden ein bedeutsamer Treffpunkt. Damals soll das Klima hier noch wesentlich feuchter gewesen sein als heute: Seen zwischen den Sandsteinfelsen versorgten die Ureinwohner mit Nahrung, Medizin, Werkzeugen und Jagdwaffen. Ihre Kultur und Geschichte doku-

mentierten sie in Form von Gravuren in Felswänden, die tief im Reservat verborgen und in der Regel nur den Ureinwohnern zugänglich sind.

Die gute Nachricht: Auf einer Tour mit einem Ureinwohner-Guide erhalten auch Besucher Zutritt zu den heiligsten Stätten des Rainbow Valley. Mit Ricky Orr von Rainbow Valley Cultural Tours folgt man den Fußspuren seiner Vorfahren zu verborgenen Felsmalereien, kostet Bush Tucker (die traditionelle Nahrung der Ureinwohner) und lernt die uralte Kultur der Southern Arrernte kennen. Die sehr persönliche Führung in kleinen Gruppen bietet nicht nur uns als Reisenden einen einzigartigen Einblick in eine der ältesten Kulturen der Menschheitsgeschichte, unsere Teilnahme unterstützt auch die indigene Community des Rainbow Valley.

Ricky Orr erklärt die Felszeichnungen

Weite Teile des Rainbow Valleys sind nur mit Ureinwohner zugänglich.

INFO

Lage: Das Rainbow Valley liegt 105 Kilometer südlich von Alice Springs, GPS: -24.361, 133.748

Aktivitäten:

- Tour mit Rainbow Valley Cultural Tours: ab Alice Springs; *rainbowvalleyculturaltours.com*

Übernachten: Der Campingplatz im Park verfügt über Buschtoiletten und Gasgrills. Im Park gibt es kein Trinkwasser, also unbedingt genügend Vorräte mitbringen. Zudem gibt es keine Mülleimer: Was man in den Park hineinbringt, muss man auch wieder hinaustragen.

Informationen: Infotafeln gibt es am Campingplatz oder beim Informationszentrum in Alice Springs.

Website: *nt.gov.au/leisure/parks-reserves/find-a-park/find-a-park-to-visit/rainbow-valley-conservation-reserve*

Hinweis: Nach heftigen Regenfällen kann die Sandpiste ins Rainbow Valley unpassierbar oder gar gesperrt sein.

37. TREPHINA GORGE UND DIE ÖSTLICHEN MACDONNELL RANGES

Für das indigene Volk der Arrernte sind die Schluchten und Felsen der „East Macs“ wichtiger Bestandteil ihrer spirituellen Geschichte. Der unter den Touristen wenig bekannte Corroboree Rock ist von höchster Bedeutung – eine Art Notre Dame der Ureinwohner. Und die zauberhafte Schlucht Trephina Gorge dient ihnen seit Jahrtausenden als Supermarkt, Apotheke und Marktplatz.

Heiliger Ort der Arrernte: der Corroboree Rock

Gerade einmal 15 Minuten von Alice Springs liegt die Wiege des Arrernte-Volkes: In den Felsschluchten Emily Gap und Jessie Gap sollen die schöpferischen Tausendfüßler ihren Anfang genommen haben, die von hier aus über das Land zogen und ihm Leben einhauchten. Die Felsmalereien an den Schluchten, die diese Schöpfungsgeschichte dokumentieren, sind Besuchern zugänglich, Fotografieren ist allerdings nicht erwünscht.

Riesenwarane zählen im Red Centre zu den Weggenossen.

Auch der Corroboree Rock 31 Kilometer weiter östlich ist für die Ureinwohner von höchster spiritueller Bedeutung. Besucher können das prächtige Dolomitengestein auf einer kurzen Wanderung, etwa 15 Minuten, umrunden. Mit etwas Glück raschelt in den Büschen ein träger Riesenwaran. Die größte Echsenart Australiens kann eine Länge von bis zu zwei Metern erreichen. Auf Fuß- und Schwanzspuren im Sand achten!

Das imposanteste Highlight der östlichen Macdonnell Ranges ist die Trephina Gorge, ein sandiges Flussbett umgeben von leuchtend roten Felsklippen. Viele Wanderwege führen durch den Nationalpark, darunter der schöne zwei Kilometer lange Trephina

Spektakuläre Aussicht

Kaulquappen beleben die Wasserläufe in der Schlucht.

Wanderparadies Trephina Gorge

Gorge Walk, für den man etwa eine Stunde einplanen sollte. Wer mehr Zeit und Energie hat, wählt den neun Kilometer langen Ridgetop Walk, der grandiose Aussichten über die Schlucht bietet. Unbedingt Augen und Ohren offenhalten: Vor allem in der Nähe der Wasserlöcher nisten zahlreiche farbenprächtige Wellensittiche! Und noch ein eindrucksvoller Vogel schwebt hier durch die Lüfte: der Keilschwanzadler („wedge-tailed eagle“), ein riesiger Greifvogel mit grimmiger Miene, der gern Jagd auf Säugetiere macht, die ihm in der Körpergröße überlegen sind.

INFO

Lage: Die Trephina Gorge liegt 77 Kilometer östlich von Alice Springs im Trephina Gorge Nature Park, GPS: -23.528 , 134.376

Übernachten: Drei Campingplätze liegen im Nature Park, der Rockhole Campground ist allerdings nur mit dem Geländewagen zu erreichen. Am Gorge Campground, der auch für Pkw geeignet ist, gibt es Trinkwasser, Toiletten, Picknicktische und Grillstellen.

Informationen: Am Parkplatz befindet sich ein Infoschalter mit Karten und Details zu den Wanderungen

Website: *nt.gov.au/leisure/parks-reserves/find-a-park/find-a-park-to-visit/trephina-gorge-nature-park*

Katherine und Umgebung

Mataranka Springs

Katherine und Umgebung

38. Jatbula Trail im Nitmiluk National Park: wandern auf den Spuren der Ureinwohner
39. Elsey National Park: heiße Quellen in idyllischer Lage
40. Leliyn/Edith Falls: Wasserfall-Idylle im Nitmiluk National Park

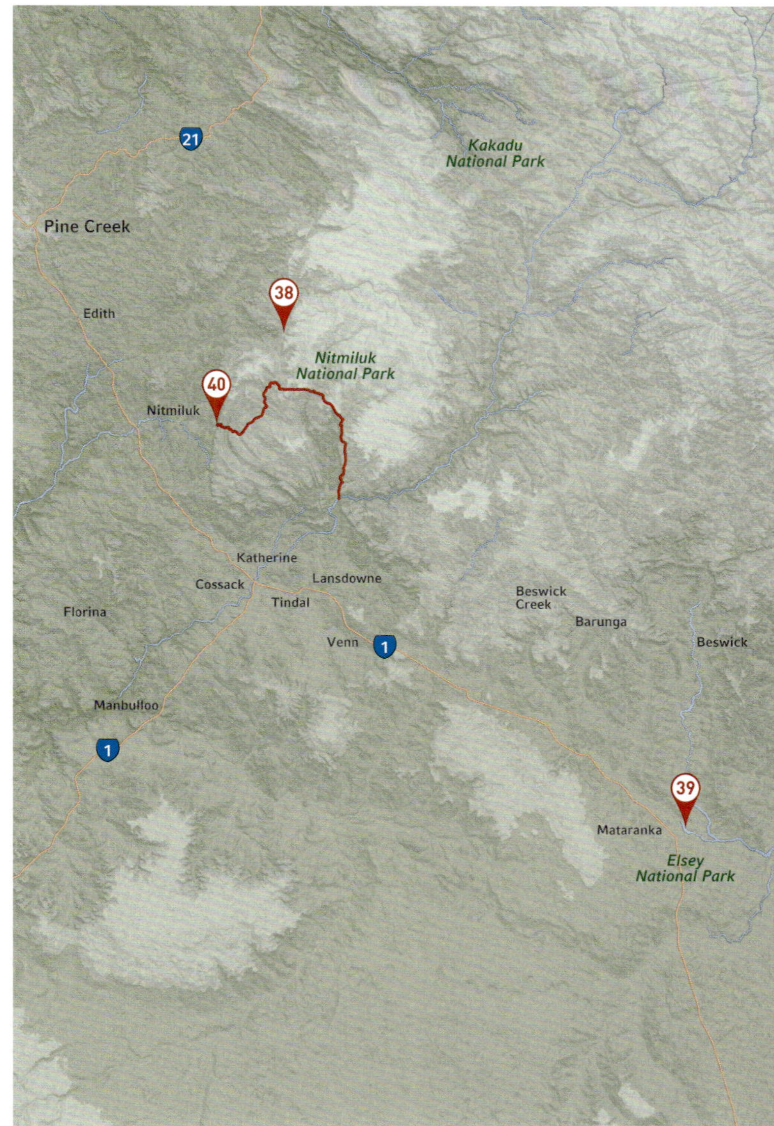
21
Kakadu National Park
Pine Creek
38
Edith
Nitmiluk National Park
40
Nitmiluk
Katherine
Lansdowne
Cossack
Tindal
Florina
Beswick Creek
Barunga
Venn
1
Beswick
Manbulloo
1
39
Mataranka
Elsey National Park

38. Jatbula Trail im Nitmiluk National Park: Wandern auf den Spuren der Ureinwohner

Bereits viele Generationen der Jawoyn-Ureinwohner sind hier in Australiens Top End entlang des heutigen Jatbula Trail gewandert. Es macht die fünf- bis sechstägige Tour zu einer besonderen Begegnung – nicht nur mit der überwältigenden Natur der australischen Wildnis, sondern auch mit der langen Kultur der Ureinwohner.

In kleinen Gruppen lässt sich der Trail am besten bewandern.

In der Sprache der Jawoyn bedeutet Nitmiluk in etwa „Zikaden-Traumpfad". In der Mythologie der Ureinwohner wurde die Welt von spirituellen Wesen erschaffen. Diese Wesen formten auf ihren Reisen die Landschaft und so entstanden die „Traumpfade", eine Art mythologische Landkarte. Die Traumpfade gehören zu den Methoden der Weitergabe von Wissen von einer Generation zur nächsten und dienen der Orientierung. Sie werden über Gesang, Tanz und Geschichten überliefert. So kann ein Ureinwohner sich auf einem Traumpfad anhand von Liedern orientieren, um den richtigen Weg zu finden.

Der Jatbula Trail ist eine mittelschwere Wandertour, der 62 Kilometer lange Weg führt von der Nitmiluk Gorge bis nach Leliyn/ Edith Falls. Wer ihn gehen möchte, sollte fit genug sein, fünf bis sechs Tage lang mit einem großen Rucksack zu wandern. Da es durch unebenes Gelände geht, ist zudem Trittsicherheit gefragt. Der Trail ist problemlos selbst geführt zu wandern, immer mehr Touristen entschließen sich dennoch für eine Tour mit Guide, um nebenher mehr über die Gegend und ihre Geschichte zu erfahren.

Der Trail führt durch die faszinierende Landschaft des Nitmiluk National Park am Arnhem Land Plateau, durch tropische Wälder, vorbei an spektakulären Wasserfällen und weiten Landschaften. Immer wieder laden Wasserlöcher und kleine Seen zum Baden ein. Das Zirpen der Zikaden ist ein ständiger Wegbegleiter, ebenso die Rufe des „black cockatoos“ (Rabenkakadu). Die Kultur der Ureinwohner und ihre lange Tradition sind immer wieder präsent. An mehreren Stellen lassen sich jahrhundertealte Felsmalereien bewundern. Der Trail bietet tolle Campingplätze, die immer direkt am Wasser liegen.

The Northern Rockhole

Durch die abwechslungsreiche Natur – die Landschaft verändert sich ständig – ist der Pfad zu keiner Zeit langweilig. Durch jahrtausendealtes Land zu laufen und gleichzeitig einer ebenso alten Kultur zu begegnen, erzeugt ein Gefühl besonderer Verbundenheit mit dieser außergewöhnlichen Gegend. Auf die vielfältigen Eindrücke bei Tag folgen die Nächte unter der unbeschreiblichen Sternenpracht des Südhimmels.

Ein Abendspaziergang entlang der Gorge bietet spektakuläre Stimmung.

INFO

Lage: Der Nitmiluk National Park liegt ca. 28 Kilometer nordwestlich von Katherine. Der Jatbula Trail startet am östlichen Ende des 17 Mile Creek in der Nähe des Nitmiluk Visitor Centre und kann nur mit einer Fähre erreicht werden.

Wanderung: Da die Campingplätze entlang der Route festgelegt sind, ergibt sich für die meisten Wanderer folgender Tagesplan:

- Tag 1: Nitmiluk bis Biddlecombe Cascades – 8,3 Kilometer
- Tag 2: Biddlecombe bis Crystal Falls – 11 Kilometer
- Tag 3: Crystal Falls bis 17 Mile Falls – 10 Kilometer
- Tag 4: 17 Mile Falls bis Sandy Camp – 16,8 Kilometer
- Tag 5: Sandy Camp bis Sweetwater Pool – 11,1 Kilometer, oder direkt nach Leliyn – 15,6 Kilometer
- Tag 6: Sweetwater nach Leliyn – 4,5 Kilometer

Übernachten: ausgewiesene Campingplätze auf der Wanderung

Websites:

- *jatbulatrail.com.au*
- *nitmiluktours.com.au/about/visitor-centre*
- *nt.gov.au/leisure/parks-reserves/plan-your-visit/bushwalking-hiking/nitmiluk-national-park-jatbula-trail*

Pdf, Booklets zum Trail:

- *nitmiluktours.com.au/sites/default/files/uploads/files/jatbula-trail.pdf*
- *nt.gov.au/__data/assets/pdf_file/0016/200590/Jatbula-trail-maps-booklet.pdf*

Hinweise:

- Beste Zeit für die Wanderung ist in den Trockenmonaten von Juni bis September.
- Eine frühzeitige Buchung ist für den Trail unbedingt notwendig, da nur 15 Personen pro Tag starten dürfen. Buchungen sind ab November für das jeweils folgende Jahr möglich. Alle Buchungen laufen über Northern Territory Parks and Wildlife; Tel. +61 08 8972 1886, *nt.gov.au/leisure/parks-reserves#.VbhUMssbC71*. Bei der Buchung werden auch die Camping Gebühren fällig.

39. ELSEY NATIONAL PARK: HEISSE QUELLEN IN IDYLLISCHER LAGE

Nicht, dass man bei Außentemperaturen von bis zu 40 Grad Celsius unbedingt von einer heißen Quelle träumen würde. Die idyllisch zwischen Palmen gelegenen, 32 bis 34 Grad warmen natürlichen Pools Bitter Springs und Mataranka Thermal Pools & Rainbow Springs im Elsey National Park wirken im Vergleich zur Lufttemperatur herrlich erfrischend. Ein Stopp mit Wellness-Bonus auf einer Reise durch das Northern Territory.

Der Elsey National Park ist für australischen Verhältnisse eher klein. Seine Vegetation ist vom Roper River geprägt, der den Park durchfließt. Er schafft den Lebensraum für eine Vielzahl an Tieren und Pflanzen; so wurden hier bereits über 260 einheimische Tierarten dokumentiert. Besonders zu erwähnen sind Flughunde, die in großer Anzahl rund um die Mataranka Thermal Pools leben. An zwei Stellen im Park schafft die Kombination aus Palmwäldern, Wasserlandschaften und Thermalquellen Oasen wie aus dem Bilderbuch. Das Wasser ist kristallklar und so einladend, dass man einfach hineinspringen muss!

Durch den Palmenwald gelangt man zu den Quellen.

Die Bitter Springs liegen am nordwestlichen Rande des Parks und sind vollkommen ursprünglich und naturbelassen. Vom Parkplatz am Ende der Martin Road führt ein wunderschöner Fußweg durch Palmenwald zu den heißen Quellen und weiter durch den Wald. Dieser gut einen Kilometer lange Rundweg ist sehr zu empfehlen, auch wenn man dazu geneigt ist, lieber gleich ins kühl-warme Nass zu springen.

Die Mataranka Thermal Pool & Rainbow Springs liegen nur wenige Kilometer entfernt. Man erreicht sie über die Homestead Road, die im Parkplatz des Mataranka Homestead Tourist Resort mündet.

Das Wasser hat normalerweise 34 Grad Celcius.

Wer möchte, kann hier auch übernachten. Sowohl der Thermal Pool als auch seine Quelle, die Rainbow Springs, sind über einen kurzen Fußweg zu erreichen. Anders als die Bitter Springs wurde hier jedoch etwas in die Natur eingegriffen. Der Poolrand ist künstlich angelegt, einige Pflanzen wurden entfernt. Der Mataranka Pool ist in der Regel etwas mehr besucht als die Bitter Springs.

Tropische Abkühlung

Beide eignet sich jedoch gleichermaßen für einen Tag paradiesischer Erholung.

Die Gegend um den heutige Elsey National Park ist Schauplatz eines 1908 erschienenen, autobiografischen Romans von Jeanny Gunn. „We of the Never Never" erzählt die Geschichte einer jungen Frau aus der höheren Gesellschaft, die mit ihrem Mann eine Rinderfarm im Outback übernimmt und sich mit den dort lebenden Ureinwohnern anfreundet. Das Buch wurde 1982 verfilmt, und das Filmdrama gehört zu den bekanntesten Klassikern Australiens. Eine perfekte Möglichkeit, sich auf die geplante Australienreise vorzubereiten.

INFO

Lage: Die Quellen liegen etwa 420 bzw. 430 Kilometer südöstlich von Darwin, 110 bzw. 120 Kilometer südöstlich von Katherine, GPS: Bitter Springs -14.912058, 133.090332, Mataranka -14.92450, 133.133413

Aktivitäten: Baden, Wandern, Spaziergänge, Kanu fahren

Übernachten:

- Mataranka Homestead Tourist Resort: Der Homestead ist bereits über 100 Jahre alt und hat jede Menge Geschichte zu bieten. Der Besuch lohnt sich auf jeden Fall! Wer hier übernachten möchte, hat die Auswahl zwischen dem Campingplatz für Zelte und Wohnmobile, Cabins und einem Motel; Homestead Road, Tel. +61 8 8975 4544, *mataranka homestead.com.au*

Websites:

- *northernterritory.com/de/de/katherine-and-surrounds/see-and-do/bitter-springs*
- *northernterritory.com/de/de/katherine-and-surrounds/destinations/mataranka-thermal-pool*
- *web.archive.org/web/20160322121558/http://www.parksandwildlife.nt.gov.au/parks/find/elsey*

Hinweis: Die beste Reisezeit ist in der Trockenzeit von Mai bis September.

40. LELIYN/EDITH FALLS: WASSERFALL-IDYLLE IM NITMILUK NATIONAL PARK

Der Nitmiluk National Park bei Katherine schließt sich an den Süden des Kakadu National Park an und steht diesem an überwältigender Schönheit in nichts nach. Das beeindruckende Schluchtensystem, das sich durch den Park zieht, wurde im Laufe vieler Millionen Jahren geformt. Flusslandschaften, Monsunregenwald und Wasserfälle prägen die Landschaft. Eine dieser Bilderbuchlandschaften findet sich in Leliyn/Edith Falls.

Es gibt zwei Möglichkeiten, das idyllische Leliyn zu erreichen. Für die meisten ist das per Auto über den Stuart Highway. Für ein paar wenige markiert das kleine Paradies die Endstation des 62 Kilometer langen Wanderwegs Jatbula Trail. In beiden Fällen spürt man sofort, hier ist man an einem besonderen Ort angekommen.

Die erste Abkühlung nach der Ankunft im Park

Mitten in die australische Baumsavanne eingebettet liegt hier eine traumhafte Landschaft aus Seen und Wasserfällen und bietet herrliche Bademöglichkeiten. Vom Parkplatz aus ist der erste See schnell erreicht, in den pittoresk der breite Wasserfall Leliyn/ Edith Falls stürzt. Da ist die erste Abkühlung schon mal sicher. Bei der sollte man es aber nicht belassen. Eine 2,6 Kilometer lange Rundwanderung führt zum Upper Pool, für dessen Besuch man unbedingt die Badehose einpacken sollte. Der Leliyn Loop Walk startet direkt am Parkplatz und führt an vielen Punkten mit fantas-

Leliyn Loop Walk

Innehalten und die Stimmung genießen

tischer Aussicht über die weite Landschaft, an Pools und Wasserfällen vorbei. Für den Upper Pool sollte man auf jeden Fall Zeit zum Baden und Verweilen einplanen.

Eine weitere großartige Möglichkeit, die Gegend zu Fuß zu erkunden, ist die Wanderung bis zum Sweetwater Pool. Die Strecke folgt der letzten Etappe des Jatbula Trail. Es sind nur etwa 4,5 Kilometer bis zu dem wunderschönen Pool mit Bademöglichkeit. Jedoch muss man die Strecke in der Regel am selben Tag auch wieder zurückwandern. Zwar gibt es direkt am Pool einen kleinen Campingplatz, da dieser jedoch von den Wanderern des Jatbula Trails genutzt wird, ist er in der Regel voll belegt. Wer es dennoch versuchen möchte, muss unbedingt vorher am Campingplatz von Leliyn nach Verfügbarkeit fragen.

Zurück am Parkplatz Leliyn angekommen bietet ein kleiner, liebevoll geführter Kiosk kühle Getränke und kleinere Mahlzeiten, um sich nach dem Wandern oder Baden zu stärken. Der Campingplatz direkt daneben hat herrliche Plätze zum Übernachten, Grillen und Picknicken. So startet der nächste Tag dann so, wie der alte aufgehört hat: mit Seele baumeln lassen.

INFO

Lage: Leliyn/Edith Falls liegt 63 Kilometer nördlich von Katherine, auf der Westseite des Nitmiluk National Park (Katherine Gorge), 60 Kilometer nördlich von Katherine am Stuart Highway.

Aktivitäten: Baden, Wandern, Seele baumeln lassen

Übernachten:

- Edith Falls (Leilyn) Campground: direkt neben dem See, Registrierung am Kiosk direkt am Leliyn/Edith Falls. Achtung: zur Hauptsaison ist der Platz oft voll belegt; Edith Falls Road, Tel. +61 8 8972 2884

Websites:

- *northernterritory.com/de/de/katherine-and-surrounds/see-and-do/leliynedith-falls*
- *northernterritory.com/de/de/katherine-and-surrounds/destinations/nitmiluk-national-park*
- *nt.gov.au/leisure/parks-reserves#.VovjebzPdGQ*

Hinweis: Die beste Reisezeit für den Nitmiluk Nationalpark ist in der Trockenzeit zwischen Mai und September.

Register

A

Adelaide River 130 ff.
Admirals Arch 112
Alexandra Cave 125
Alice Springs 174 ff., 178 ff.
Amphitheater 91
Arnhem Land 146 ff.
Auburn S. 61
Aussichtsplattform 103, 188
Austern 70 ff..

B

Baird Bay S. 15, 66
Barossa Valley 54 ff.
Beachport 105 ff.
Bitter Springs 210, 212
Blue Lake 102
Bootstouren 30, 74, 132
Bowman Scenic Drive 108
Brachina Gorge 17, 94 ff.
Buley Rockhole 136
Bush Tucker 59, 196

C

Cahills Crossing 155
Cape Combey Obelisk 108
Cape du Couedic Lighthouse 112
Cape Jervis 48
Cape Willoughby 114
Clare Valley 58 ff.
Cleland Conservation Park 34 ff.
Coast to Vines Rail Trail 40
Coffin Bay 70 ff.
Coffin Bay National Park 72
Coober Pedy 12, 170 ff.
Coorong National Park 118 ff.
Corroboree Billabong 150 ff.
Corroboree Rock 198 f.
Cube d'Arenberg 38

D

Darwin 13, 127 ff., 138 ff.
Deep Creek Circuit Hike 47
Deep Creek National Park 46 ff.
Delfine 30 ff. 52, 66 ff.
Devil's Peak 86 ff.
Devils Marbles 19, 182 ff.
Didgeridoo 149
Djukbinj National Park 130 ff.

E

East Alligator River 146 ff.
Eastern MacDonnell Ranges 198 ff.
Echidna 20, 46
Ellery Creek 176
Elsey National Park 210 ff.
Emus 35, 73, 95
Eyre Peninsula 78 ff.

F

Felsformationen 48, 51, 112
Felsmalerei, Felsgravuren 17, 19, 94 ff., 154 ff., 196, 198, 207
Finke River 176
Fleurieu Peninsula 18, 46 ff., 50
Flinders Chase National Park 111

Flinders Ranges 82 ff.
Florence Falls 137
Flughunde 210
Fossilien 125

G
Ghost Gum Walk 188
Glen Helen Gorge 186 ff.
Glenelg 30 ff.
Gold Rush 107
Granite Island 50 ff.
Great Australian Bight 69, 72, 74, 110, 117

H
Haie 69, 74 ff.
Heißluftballon 178 ff.
Heysen Trail 48
Höhlen 79, 122 ff.
Hot Air Balloon 178 ff.
Hugh Gorge 176

J
Ikara-Flinders Ranges National Park 90 ff., 94 ff.

J
Jabiru (Ort) 154 ff.
Jabiru-Storch 152
Jacana 152
Jim Jim Falls 158 f.
Jumping Crocodile Cruise 130 ff..

K
Kaiki Walking Trail 51
Kajak 15
Kakadu National Park 17, 19, 154 ff., 158 ff., 162 ff.
Kangaroo Island 98 ff.
Kängurus 35 f., 48, 73, 95, 110 ff., 123, 181
Karingana Lookout 192
Karlu Karlu 19, 182 ff.
Kata Tjuta 16, 190 ff.
Katherine 12, 203 ff.
Koalas 14, 35 f., 111 f., 132
Kormorane 119, 152
Krokodile 130 ff., 146, 151

L
Larapinta Trail 174 ff.
Leliyn / Edith Falls 207, 214 ff.
Leuchttürme 108, 114,
Limestone Coast 98 ff.
Litchfield National Park 134 ff.
Little Dip Conservation Park 106

M
Magnetic Termite Mounds 136
Märkte 13, 40
Mary River Wetlands 150 ff.
Mataranka Thermal Pools & Rainbow Springs 210 ff.
McLaren Vale 8, 38 ff.
Mindil Beach 13, 138 ff.
Minen 172
Moana 18, 42 ff.

Mount Gambier 102 ff.
Mount Lofty 34
Mount Sonder 174 ff.
Murphy's Haystacks 78
Mushroom Rock 195

N
Nadab Lookout 155
Naracoorte Caves 122 ff.
Neptune Island 74 ff.
Night Markets 13
Nitmiluk National Park 12, 15, 206 ff., 214 ff.
Nourlangie Rock 154
Nuriootpa 56

O
Old Timer's Mine 172
Onkaparinga 43 f.
Opale 170 ff.
Opossum 104 f.
Ormiston Gorge 176, 186 ff.

P
Palm Valley 177
Papageien 111
Pelikane 10, 118 ff.
Penneshaw 113, 115
Pinguine 52
Polish Hill River 61
Port Noarlunga 18, 42 ff.
Pound Walk 187

Q
Quorn 88

R
Rainbow Valley 194 ff.
Red Centre 166 ff.
Remarkable Rocks 112 f.
Robe 105 ff.
Röntgenkunst 149
Roper River 210

S
Sacred Canyon 17, 94 ff.
Schiffswracks 115
Schluchten 12, 15, 94 ff. 174 ff., 186 ff., 198 ff., 214 ff.
Schnorcheln 80, 106, 109
Seal Bay 110 ff.
Sealink 117
Seelöwen 52, 66 ff., 110 ff.
Seppeltsfield Winery 54 ff.
Serpentine Gorge 176
Sevenhill Cellars 60
Shiraz-Trail 40f.
South Por 43, 44
St. Mary Peak 91
Standley Chasm 176
Sternenhimmel 185
Stick-Tomato Cave 125
Streaky Bay 78
SUP (Stand-up-Paddleboarding) 43

T

Talia Beach 80
Tanunda 54 ff.
Tennant Creek 19
Termitenhügel 136
The Old Mount Gambier Gaol 105
Thunfisch 53
Tierbeobachtung 118, 133, 157
Top End 147, 206 ff.
Traumpfade 206
Trephina Gorge 198 ff.
Twin Falls 158 ff.

U

Ubirr 19, 144, 154 ff.
Uluru/Ayers Rock 10, 16, 190 ff.
Umoona Opal Mine & Museum 172
Umpherston Sinkhole 104 f.
UNESCO-Welterbe 13, 122 ff.
Ureinwohner 146 ff., 154 ff., 162 ff., 184, 191, 195 f., 199, 206 ff., 165

V

Victor Harbor 50 ff.

W

Wale 46, 52
Walpa Gorge 191
Wangi Falls 137
Warane 111
Wasserfälle 137, 158 ff., 214 ff.
Wein 18, 38 ff., 54 ff., 58 ff.
Weingüter 38 ff., 54 ff., 58 ff.
Western MacDonnell Ranges 174 ff., 187
Willunga Farmers Market 40
Wilpena Pound 90 ff., 94 ff., 111, 118 ff.
Wombats 111, 123
Wonambi Fossil Centre 125

Y

Yangie Bay 73

360°

In der Reihe sind u.a. bisher erschienen:

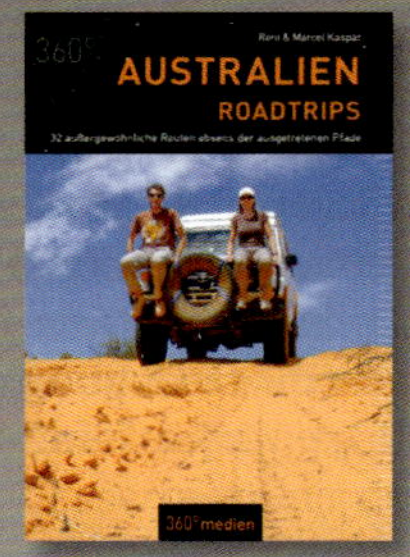

Reni & Marcel Kaspar
ISBN 978-3-947164-78-3
Preis 14,95 €

Stefanie Stadon
ISBN 978-3-947164-02-8
Preis 14,95 €

Barbara Barkhausen
ISBN 978-3-947164-77-6
Preis 14,95 €

Michaela Urban
ISBN 978-3-947164-58-5
Preis 14,95 €

Michaela Urban
ISBN 978-3-947164-59-2
Preis 14,95 €

ABSEITS DER AUSGETRETENEN PFADE

Recherchiert von Autoren, die entweder vor Ort leben oder die jeweilige Region „wie ihre Westentasche" kennen, erhalten Sie in den Büchern der Reihe „Abseits der ausgetretenen Pfade" 50 Tipps im praktischen „Hosentaschenformat" für Orte, die jenseits der typischen Touristenrouten liegen, häufig einfach nur übersehen werden oder echte Geheimtipps sind, die auch vielen Einheimischen nicht bekannt sind.

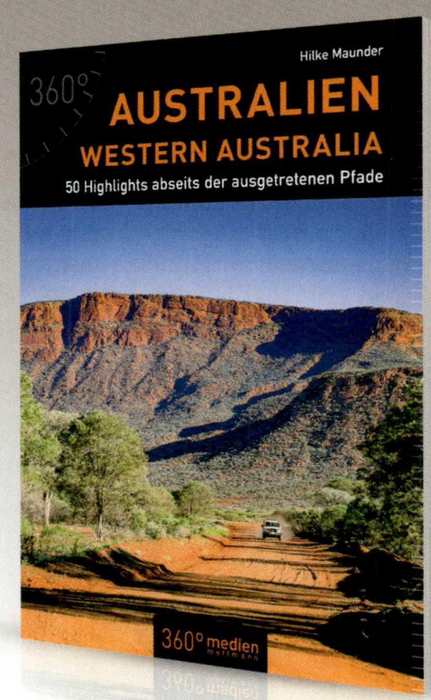

Preis
14,95 €

Hilke Maunder
ISBN 978-3-947164-61-5

Mehr Infos und weitere Titel der Reihe unter:
360grad-medienshop.de/abseits-der-ausgetretenen-Pfade

Versandkostenfreie Lieferung innerhalb Deutschlands

Bildnachweis:

Alle Bilder von Corinna Melville und Melanie Ritter, außer: Adventure Bay Charters. 66, 67, 68, 74, 75, 76 | aZKaptureZ S. 170 | Daniel Westergren S. 56 | Dpulitzer CC By-SA 3.0 S. 171o | Frans-Banja Mulder CC BY-SA 4.0 S. 175 | Henley on Todd Inc S. 22 | Iain Whyte CC BY-SA 2.5 S. 19u | Jacqui Barker, CC BY 2.0 S. 17u | James Niland from Brisbane, Australia, CC BY 2.0 S. 17o | Johannes Ammerschläger CC BY-SA 4.0 S. 174 | John Gillmore CC BY-SA 3.0 S. 16 | Kendra Baker CC BY-SA 4.0 S. 210, 212 | Kerry Raymond CC BY 4.0 S. 171u | Luke Durkin CC BY-SA3.0 S. 19o | Maps4news S. 24, 25, 29, 65, 85, 129, 145, 169, 205 | Mark Fitzpatrick S. 23 | Menphrad CC BY-SA 3.0 S. 176u | Mike Haines Tourism Australia S. 120 | Mitchell Toft S. 78 | Nasher CC BY-SA4.0 S. 16 | Nigel Malone CC BY-SA 1.0 S. 160 | Offroad Images S. 104 | Peter Campbell CC BY-SA 3.0 S. 21 | Science History Institute CC BY-SA 3.0 S. 20 | South Australian Tourism Commission S. 30, 40/41, 54, 55, 57, 60, 61, 82/83, 94, 172 | South Australian Tourism Commission/Adam Bruzzone S. 26/27, 34, 37, 58/59 | Sydney Oats CC B S. 18u | Tdc CC BY-SA 3.0 S. 159 | Toriusm Australia d'Arenberg S. 18o | Tourism Australia Maxime Coquard S. 12/13 | Tourism Australia S. 9, 10, 11, 14, 15o, 15u, 39 | Tourism NT Jason Charles Hill S. 202/203 | Tourism NT Jason Van Miert S. 182 | Tourism NT Lynton Crabb S. 131 | Tourism NT Peter Eve S. 206, 207 | Tourism NT S. 131, 150/151, 159, 160, 178/179, 180, 183 | Tourism NT Sam Earp S. 158 | WilliamMoth CC BY-SA 4.0 S. 176/177